因信而见

——基金会沙龙精华汇编

主编　孙伟林　马　昕　安秀梅

北　京
冶 金 工 业 出 版 社
2018

图书在版编目(CIP)数据

因信而见：基金会沙龙精华汇编/孙伟林，马昕，安秀梅主编．—北京：冶金工业出版社，2018.2

ISBN 978-7-5024-7740-0

Ⅰ.①因… Ⅱ.①孙… ②马… ③安… Ⅲ.①基金会—中国—文集 Ⅳ.①D632.1-53

中国版本图书馆 CIP 数据核字（2018）第 026326 号

出 版 人 谭学余
地　　址 北京市东城区嵩祝院北巷 39 号 邮编 100009 电话 (010)64027926
网　　址 www.cnmip.com.cn 电子信箱 yjcbs@cnmip.com.cn
责任编辑 杜婷婷 美术编辑 杨 帆 版式设计 孙跃红
责任校对 卿文春 责任印制 牛晓波
ISBN 978-7-5024-7740-0
冶金工业出版社出版发行；各地新华书店经销；三河市双峰印刷装订有限公司印刷
2018 年 2 月第 1 版，2018 年 2 月第 1 次印刷
169mm×239mm；10.25 印张；134 千字；155 页
48.00 元

冶金工业出版社 投稿电话 (010)64027932 投稿信箱 tougao@cnmip.com.cn
冶金工业出版社营销中心 电话 (010)64044283 传真 (010)64027893
冶金书店 地址 北京市东四西大街 46 号(100010) 电话 (010)65289081(兼传真)
冶金工业出版社天猫旗舰店 yjgycbs.tmall.com

（本书如有印装质量问题，本社营销中心负责退换）

主　编　孙伟林　马　昕　安秀梅

副主编　张树中　周国成　沈东亮

编　委　李　莉　邢晓辉　宁小花　郭晓辉

前　言

截至2016年年底，民政部社会组织管理局会同中国社会组织促进会启动的基金会双月沙龙已成功举办了二十期。每期沙龙，基金会人及各界爱心人士都会因为一个信念而汇聚，共同为基金会的发展分享新经验、探讨新观点、寻求新思路。第一册精华汇编《惠而不费——基金会沙龙精华汇编》得到了基金会业内和社会的普遍好评，本书是基金会双月沙龙第十期至第二十期的精华汇编。在这十一期沙龙上，各级领导、学者、同仁们针对基金会如何有效筹集善款、基金会资助面面观、央企公益社会化运作、新媒体传播及应用、基金会改革、创新的战略与路径以及新《慈善法》实施后公益慈善组织的合规合法运营等问题进行了深入探讨，形成了许多有利于基金会发展的真知灼见。我们将这些真知灼见收集起来，汇编成册，将本书付清出版。在此，我们要感谢参与基金会沙龙的领导、专家学者和基金会同仁，感谢中央财经大学教育基金会对本书出版的支持。

本书取名“因信而见”，意为因为相信、因为共同的信念和情怀而相聚与相见。公益本身无形，但公益的力量和结果有形。人们经常因见而信，但基金会人始终秉承因信而见的理念，并一直为“信”

而努力和奋斗。“信”是基金会的初心，为公益而诞生，为公益而存在，为公益而发展，基金会沙龙为具有共同信念和初心的人们提供了一个思维碰撞和爱心汇集的平台，故以“因信而见”为名，以此书见证基金会及基金会人因信念而相见。

愿所有基金会不忘初心，牢记信念，相见于信。

书中不足之处，敬请读者批评指正。

编　者

2017 年 11 月 25 日

目　录

中国社会组织促进会简介

中国社会组织促进会是由中华人民共和国民政部（以下简称民政部）主管，由社会团体、基金会和民办非企业单位等单位会员及热心社会组织发展、为社会组织发展做出较大贡献的个人会员构成的全国性社会组织，成立于2008年1月8日。

中国社会组织促进会的宗旨是动员和依靠社会各界力量，加强社会组织管理与发展的理论研究，密切社会组织之间的联系和信息分享，推进社会组织的自律与互律，扩大我国社会组织与国际社会组织的交流与合作。中国社会组织促进会的发展目标是争取政府有关部门和社会各界的支持，在政府和社会组织之间发挥桥梁、纽带作用，引导和促进社会组织规范运作、健康发展，为全面建设小康社会做出积极贡献。

中国社会组织促进会的业务范围包括：（1）开展社会组织的调查研究，向政府反映与社会组织发展密切相关情况和意见，为政府决策提供咨询建议；（2）组织国内社会组织之间的交流与合作，加强我国社会组织与国际社会组织的交流与合作；（3）规范社会组织自我治理行为，推进社会组织的自律与互律；（4）引导和组织会员积极参与社会公益事业、开展社会公益活动；（5）根据需要开展各类培训、举办论坛和联谊活动，为会员提供信息、咨询等服务；（6）推动社会组织信息化建设，提高社会组织服务能力；（7）编辑出版社会组织领域的刊物，宣传政府的与社会组织发展相关的方针、政策；（8）设立社会组织发展基金，扶持并资助社会组织；（9）承办政府有关部门委托的其他事项。

自2008年1月成立至今，在民政部和国家民间组织管理局的直接领导及会员单位的支持下，中国社会组织促进会在培育社会组织、服务全国会员、加强理论建设、开展对口培训、促进行业发展等方面取得了可喜成绩，具有广泛的社会影响力。

第十期　基金会与基础教育的理论探索和实践推动

基金会双月沙龙第十期

时间：2014年10月21日

主办：中国社会组织促进会
承办：凯风公益基金会
协办：中国社会组织杂志

编者按：本期基金会双月沙龙围绕“基金会与基础教育的理论探索和实践推动”这一主题开展深入研究，讨论中国基础教育的发展方向和基金会承担的作用角色等内容。分享经验，沟通观点，从实际问题入手，寻求基金会发展的新思路。

凯风公益基金会简介

凯风公益基金会于2007年3月设立，是国家民政部主管的非公募公益基金会，也是首批由企业发起、国家民政部批准设立，并由国家民政部作为上级主管部门的公益基金会。凯风之名源于《诗经·邶风·凯风》："凯风自南，吹彼棘心。棘心夭夭，母氏劬劳。"棘多刺而难长，和风却滋润如故，不由得让人感念慈母的辛劳。凯风同仁愿以此寄寓基金会回馈社会的感恩之心。

凯风公益基金会主要通过机构合作方式，对在学术研究、政策研究、教育和公益实践方面获得重要成果、具备实力和潜力的学术精英和公益精英，进行资助和奖励，进而达到提升公共福利、增加公众利益、传播公益思想的目的。凯风公益基金会的战略合作伙伴包括国内外顶尖的综合性大学和研究机构、专业艺术院校、国内外一流的NGO。

甘东宇　凯风公益基金会

凯风公益基金会一直非常关注教育话题，也一直在教育领域有所实践。这主要是源于以下几个原因：

一是我们自身的使命，凯风公益基金会的使命是文化的融合与共生，主要是针对中国文化的重新建构。所以我们认为在现在这个阶段，经过了30年的经济高速发展，可能面临的最大的问题，也是基金会可能面临的深层次的问题，就是我们的文化和价值观的问题。在这方面，凯风做了一些探索。在探索过程中我们发现，教育可能是重建文化或者文化建构的一个重要途径。

过去我们在一些高校里面建立了奖学金。比如在清华，我们建立了针对本科的奖学金，做了5年，每年有30个名额的奖学金。我们在不同的学校，包括国外的学校设立奖学金，邀请国外的博士生到中国来，对中国问题开展调研。也包括资助国外的一些大学，吸收中国能够关注人文和发展的硕士生到国外留学。但我们发现，其实对中国来讲，如果我们的文化需要重新建构，如果我们的文化需要有一个融合和世界对接，可能更多的应该是在本土，针对我们自己的孩子找到一个更好的教育渠道。所以现在我们也开始关注更年轻的一代，包括基础教育，甚至比基础教育更早期的孩子们的教育问题。怎样才能用更好的内容、更好的方式，通过教育来达到基金会期望的使命，这是第一个思考。

第二个思考，也是我们对未来的一个思考，就是在21世纪的现在，我们面对的这样一个社会，跟过去的20世纪，跟过去2000多年的历史发展相比，有非常大的变化。比如说现在这个社会是一个全球化的社会，是一个网络化的社会，是全球互联互通的社会，而且是科技高速发展、高速进步的社会。那教育应该给学生教什么？是更多地给他们无限的知识，还是应该在知识的基础上给他们更多的能力。什么样的能力才能够让他们应对21世纪的发展，这也是我们在不断思考的问题。

最近，我们在国内外做了一些调研，比如哈佛大学认为，未来我们需要什么样的能力，也是他们享誉世界的“通识教育”理念，他们提到了思考的能力、思想交流的能力、思想碰撞的能力、价值判断的能力等等，这是哈佛的“通识教育”理念提到的很重要的能力。

另外一个很著名的美国教育学家，他叫托尼·瓦格纳，在他《教育大未来》的书中，讲到了针对21世纪未来人才具备的7个关键力，这里面也包括判断性的思考、解决问题的能力、跨界合作的能力、灵活性的适应力、主动进取、开创性等。哈佛大学一个很著名的教育学校，把人的技能结构分为三个层面，一个是人的外在能力，一个是人际交往能力，一个是认知的机能。所以我们可以看到，国内国外在面对21世纪、面对未来的时候，大家都在思考同样的问题。教育是为了什么，教育的内容是什么，谁来决定这个教育的内容，然后我们教育的手段和教育的方法是什么。

最后一个思考是，教育的主体有很多，包括政府、民间组织、社会力量，基金会算是很重要的一部分。那么在应用学校教育、家庭教育、社会教育这几方面，我们作为一个基金会的组织，我们的思考又是怎样的，这需要系统深入地研究探讨。

刘忠祥　民政部民间组织管理局

基金会双月沙龙已经成功举办了九期。这九期都是紧紧围绕着基金会的发展及其作用的发挥而展开的。每一期都围绕着一两个主题进行了深入的讨论，对于政策制定和行业发展都起到了一定的促进作用。比如第三期，我们讨论了“重大灾害救助及行业危机应对”这个问题，大家提了一个建议，说以后遇到重大灾害的时候，社会组织之间以及社会组织和政府之间应该协调，应该建立一种对话，以免资源浪费。这一期结束不久，四川雅安发生7级大地震，这次救灾过程中社会组织和政府之间就建立了一个平台。这个平台的作用发挥得很好。前不久，还谈到要怎样继续使这个平台发挥作用的问题。第七期我们讨论了“公益慈善立法创新”与“基金会参与社区动员”，慈善法已经列入了全国人大的立法计划。在起草过程中对于募捐资格的获得、公益支出比例、行政办公经费以及保值增值都有很多的创新。社区基金会原来比较少，今年深圳已经开始推动社区基金会发展了。当然社区基金会主要还是发挥动员社区居民和整合资源这样的作用。第八期我们讨论了大学基金会的问题，今年可能发动教育部、财政部、民政部，出台一个关于大学基金会的文件。第九期我们讨论了基金会的财税管理问题，主要是税收的问题。现在财政部已经准备出一些关于非营利性组织、公益慈善组织的新的税收政策。整个想法是按公益程度的强弱，给予不同程度的税收优惠。根据公益化不同，给予不同层级的税收优惠。十八大提出要加快形成政社分开、权责明确、依法自治的现代社会组织体制。二中全会提出要改革社会组织的管理制度。十二届全国人大一次会议通过的国务院机构改革和职能转变方案里提出，要实行四类社会组织直接登记，实行一业多会等等。三中全会又提出激发社会组织活力。

可以说，社会组织要从高层角度进入到一个新的历史发展阶段。基金会也进入了平稳的发展期。基金会如何发展，需要政府、学者、社会公众和基金会自身等各方面的努力。国务院在进行行政审批改革时有这样一段话：凡是公民法人和其他组织，能够自行决定的，市场竞争机制能够有效调整的，行业组织或者其他中介机构能够自行管理的，政府统统不设置行政许可；凡是能够实行间接管理和事后监管的，就不设置前置性的许可。我觉得这段话不仅仅讲的是行政许可的问题，它讲的是发展方式的问题管理，首先个体要自己决定自己的发展，然后进入市场。当然对于基金会来说，就是进入社会了，就是社会选择的问题，然后有些问题可以通过行业自治来解决，这样一种方式，政府就是做底线的监管。基金会的发展最终是社会选择。

来　超　西部阳光基金会

西部阳光基金会一直扎根在西部工作。现在的主要工作地点在甘肃，主要是甘肃陇南地区。最早的时候在做大学生驻校。基金会成立后，慢慢开始探索大学生支教。到 2008 年，我们开始认真梳理，作为民间组织，如何通过自己的资源和能力去工作。现在基金会一共有 4 个项目工作，分两个部分：一部分是以操作型为主，像服务于学前教育和基础教育的，我们都是以自己操作为主；另一部分是支持型的，这部分是在 2010 年开始尝试，我们的桥畔计划就是支持其他初创期的教育公益组织发展。

这里有两个维度。第一个维度，我们去思考到底工作的靶心在哪里？我们要做基础教育和学前教育的支持工作。到底我们是去做教师、孩子、课堂，还是做学校环境的改善呢？后来我们认定，西部阳光所服务的对象就是 0~12 岁的农村留守儿童，所以我们所有的工作靶心和评价标准，都在农村留守儿童上。比如学前教育阶段评价孩子的整体能力的提升，基础教育阶段评价孩子 8 个维度的心理健康指标的改善。可以看得到，这整个教育生态系统里，民间行动到现在为止，在基础教育体制化的情况下是非常弱的。现在对于整个农村教育来讲，政府还是第一位的主导作用。其实相对来说，应该是家庭教育占据整个教育百分之六七十的功能。但在农村，使人非常遗憾的就是这个问题，我们很难通过基金会去解决家庭教育的缺失。

第二个我们思考的维度，就是政府的教育投入。作为民间组织，力量肯定是非常有限的。特别是像我们这样，完全没有企业和政府作为依托的民间组织。从 2001 年到 2011 年撤点并校的 10 年的政策，最强的起效是在 2008 年和 2009 年。2008 年汶川地震以后，国家投了非常大的一笔钱在西南和西北，撤点并校以及建立寄宿制学校。所以在 2009 年有了接近 3 万所寄宿学校。我们扎根在一个地区工作，希望能够将发现的经验和教训写成各类案例，分享给所有的公益机构，并希望能够推动一些政策的制定。从做营养早餐开始，就一直在做一些政策体验。

郭婷婷　增爱公益基金会

增爱公益基金会项目涉及的范围比较广泛，从大的层次来说，可以分为三大类别：一是辅助饥困类，主要是关注物质方面的需求；二是教育心

理类，就是关注精神层面的一些项目，包括一些主要的教育内容、基础教育类的工作和心理方面的项目；三是关注整个行业的发展和推动，是一些创新类项目和公益研究类的资助的项目。教育类的项目，又分为以下四个类别：一是公益民办学校，如青年学子计划；二是对贫困学生的一些经济类资助；三是为一些边远地区捐赠教学楼和基础设施；四是关注学生课外生活和教师培训。

下面，主要介绍一下青年学子计划。青年学子计划是一个关注流动儿童的项目。可以简称为给流动儿童做的一个少年班，是针对流动儿童优先选出来的一些天资优异的学生，为他们建立的一个公益性的民办学校。在这个课程中，我们希望利用一种国际化的视野和个性化的教育方式，利用社会一些比较优秀的教育资源来发挥一个社会分工优势，以帮助这些流动儿童更好地实现教育公平，并且针对这些天资非常优异的少年，提供一种差异化的优质教育。青年学子计划是一系列整体的实施方案，这个计划的起点是综合青年实验学校，它是我们创办的第一所民办性公益学校。针对的就是有些天资的流动儿童，为他们提供完全免费的优质教育，并由多家合作机构来共同发起。学校的特色是实业性的、示范性的、公益性的民办学校。希望通过社会各界和全体在校师生的共同努力，把这些优秀的流动儿童，培养成具有健全人格、健康体魄和积极心理以及具备很好的文化教养的孩子。

从横向来看，国际上有很多这种类似的，针对超常儿童的教育方式，但我们首次把关注对象聚焦在弱势的农民工子女，从中筛选一些天资优秀的儿童。意义主要也是想为流动儿童中天资优秀的儿童提供一种公平、均衡和协调的社会发展机会。同时，因为他们这种天生的在智力、能力和综合能力方面比较超常，如果不给以正向引导的话，反而会成为一种社会动荡和不安定的因素。所以我们也希望通过自己的尝试，来为这些底层的平民精英提供正向的引导和向上流动的通道，也希望来探索解决流动儿童和留守儿童教育问题的一种新的方式，去实现高端科技和人文教育上的一些资源对接，探索一些基础教育方面新的模式。

朱旭东 北京师范大学

我想根据自己对教育的理解、对基础教育的理解来简单谈以下几点：

第一，今天所有基金会面临的教育问题，确实是因为社会的变革带来教育对象的变革。教育转型，转型什么？其实是我们的教育对象发生了变化。对象发生变化里面有一个很重要的因素，就是儿童的多元性。大概列一下，这里包括流动儿童、留守儿童，还有流浪儿童。流浪儿童是脱离监护人监管，失去基本生活保障而陷入困境的未成年人。还有单亲儿童、双失儿童，所谓双失儿童就是双亲都没有了的儿童。

第二，我想表达的是，公益基金在基础教育当中，到底投入到哪里比较合适？家庭教育缺失，主要是情感缺失，客观存在的情感缺失和情感教育缺失。儿童和父母之间、亲戚朋友之间的情感缺失，我们怎么在这种工作当中弥补？那么教师的情感教育能力，就显得特别重要。如何增强教师的情感教育能力，已经成为今天提高教师教育素养的一个重要因素。所以，从未来发展角度来讲，我建议在教师的情感教育能力上，能够给予一些支持，帮助甚至做一些培训。

第三，在我理解当中，对儿童的认知，至少有五个纬度：第一是认知发展与情感发展。无论怎样的课堂教育、怎样的社会实践，其实最终或者说起点都在于认知发展。一切都要通过认知来开展，认知不准确，后面都会出现问题。第二是道德和公民性发展。第三是个性和社会性发展。个性和社会性发展联系在一起，怎么理解呢？我觉得社会性里面，有积极的社会性和消极的社会性，有初级的社会性和高级的社会性。如何将个体的个性与社会性联系是问题的关键。第四是健康与安全的发展。安全是一种意识，安全是一种能力，不管做怎样的教育基金会，做怎样的教育工作，安全能力的培养至关重要。第五是艺术和审美发展。可以培养审美意识、审美体验，但是不可能培养他们审美艺术能力，因为我们未必具备条件实现。

总之我觉得只要完整去理解一个孩子，对于教育本身、基金会的教育项目发展都是至关重要的。

窦瑞刚　腾讯公益慈善基金会

我的主要困惑是希望工程、春蕾计划，都做的是扶贫类的教育。而我

觉得像西部阳光，他们最早也是类似于这样的，如何帮助这些贫困地区的孩子在教育的公平上获得一个相对多的机会，他做了各种各样的研究，现在有这样一个输出，包括真爱，我相信绝大部分基金会，或者中国的公众，关注教育，首先关注的是西部贫困地区的教育机会公平的问题。我们当年也是这样一个逻辑，基金会刚成立，希望在教育方面做点事情，一开始的步伐也是这样，跟着希望工程，跟着春蕾计划，去西部解决他们的校舍问题，解决他们其他一些看起来迫切的问题。

腾讯基金会于2007年成立，2008年之前，在12个省建了30多所希望小学。每所希望小学捐20万。后来我们发现这种模式，后期肯定管不过来。于是就集中发展，集中到云南和贵州的两县一州，希望能踏踏实实地做点事，对当地的教育，包括乡村发展做一点贡献。我们主要的合作伙伴是真爱梦想，在贵州、迪庆做梦想空间。在做梦想空间的过程中，为当地建运动场。越来越深刻的体会是，解决不了乡村教育的内在能动性的问题。无论是希望工程的希望书，或是梦想空间的梦想教师，还是其他种种硬件软件设施，大部分的结果就是被闲置。乡村教育最大的问题，就是体制内的老师和校长远不像我们当年上学的那些老师和校长，他们注重的是业绩。领导来视察可以讲他的功劳，所以他没有动力把这些东西用好，因为用好意味着他需要付出额外多的劳动。

在教育改革中，最大的问题就是政府如何能把权力放出去，真正让教育回归到民间，回归到实际上。我一直觉得像真爱这样的探索，非常有价值。今天我们在做的推动事业单位进行改革，学校到底是属于谁的？学校的本质是属于社会的，它实际上提供的是一种公共的教育性产品，它要靠家长用脚来投票。你提供产品服务，你应该去向家长们游说你提供的产品和服务是什么，然后家长说，我认可你的教育理念，我把孩子放到你那里。政府的教育公平是什么？政府的教育公平是在教育投入上的公平，无论选择私立学校，还是选择公立学校，政府对孩子投入的教育资源应该是公平的。

基金会在推动中国教育改革中到底能做点什么，我觉得基金会未来可能还是要关注西部的教育公平的问题。同时我们也应该关注东部，关注城市的教育改革问题。如何能通过基金会的努力，来促进学校包括学校教育体制的改革，学校课程和教学的改革，我们不能还把自己困在希望工程的那个模式中，要努力为所有孩子的未来做一点事情！

陈如平　中国教育科学研究院基础教育研究中心

目前整个国家大的背景下，教育越来越受关注。特别是十八届三中全会，把教育放到三个最之首。决定报告里面最关心、最直接、最现实的一个问题。在五大领域里面又放在第一位，教育放第一，就业、收入、社会保障、医疗都在后面。可想而知，从整个国家战略、领导人意识、发展方向来讲，教育的地位越来越高了。

今年有一个非常重要的现象，中央政治局讨论高考改革的问题，这恐怕是改革开放以来第一次探讨这么具体的问题。自 2013 年 8 月份以来，李克强总理上任之后他很关心教育，教育公平是首要的社会公平。国家提出制订一个全国层面的教育公平的行动方案，我们研究了一年，今天还在修改。这个方案到底怎么做？包括今天几位谈到那些具体的项目资助的问题，实际都纳入到这整个行动计划的范畴之内。目前，教育公平确实已经放到整个社会公平，当然在规划纲要里面讲到公平和质量问题，两个是并列的。但是现在的一个思路是以改革来促发展，以前是用发展来带改革，倒过来了。

在这种情况下，我们回过头看教育问题，现在有几个点是踩得比较准的。第一就是高考指挥棒的问题，招生考试、高等学校招生考试、制度的改革问题。高考招生制度改革，实际是一个重要的切入点。第二，基础教育也是一个非常好的切入点，这些年来我们都在讲基础教育搞课程改革，课程改革到底怎么搞，前几年我们课程改革的视野关注点比较窄，主要在语文、数学这些主要学科上面。但对孩子发展而言，不仅是知识问题、认知问题，还有情感认知、审美健康、安全等等很多方面问题，这些问题实际上是需要我们高度关注的。包括这次三中全会讲得非常清楚，全面发展，甚至讲到，开设体育课和增加课外活动，课外体育活动问题，审美课里面，美术课、音乐课等等讲得非常具体，这是在以前报告中没有的。还有一点，也是我们最近关心的，就是办学自主权的问题，这次三中全会也谈到了，我们最近也在做调研。实际上，这些年前期的公办学校更多作为教育局的一个附庸，作为政府部门的附庸。前段时间出台了义务教育的学校管理标准，里面专门讲到办学自主权下放的问题。现在公办院校全是统一预算，限制非常之多。这是体制问题，是现在要求逐渐改革的。

总的来讲，在这种背景下，整个基金会在基础教育的发展空间是非常大的。以往传统模式，是投资金投得比较多，后来是找志愿者比较多。这些年来，我关注一部分是关于教师培训的，还有一部分是做课程包。克强总理好几次讲到，通过教育来促进整个人才的上下流动。再看国家做教育公平行动计划，它是各级各类教育全覆盖到的。比如学前教育这块，现在是要加快速度。那么基金会下一步的任务，其实有很多项目可以嫁接进去做。

卢德之　华民慈善基金会

第一，基金会到底能做什么？我也一直在思考这个问题。解决教育问题，确确实实是一个全社会都应该正视的问题。基金会应该通过民间的力量来推动教育改革和教育发展，这是一定要做的。

第二，基金会还有一个很重要的事情要做，就是利用我们的优势，来推动人的改变。转型怎么转？最本质上还是人在转，人的思想转。所以我觉得民间组织在这两个方面，一个是推动体制改革，推动政府脚踏实地来做好这项工作。另外一方面，是推动人的发展、人的转变，特别是人的思想的转变，我觉得这是基金会也好、民间组织也好，应该做的，也是可以做的。在这个空间里面可以发挥我们的智慧和创新性。

另一方面，我谈教育与文化的关系，或者说怎样认知中华文化，我谈一点感受。我们讲教育，教育什么？第一，我们要把老祖宗的东西要拿出来教育大家、教化大家。第二，我们要把现代社会里法制建设，归结到教育体系、教育行政之间来。谈中华文化，中华文化的核心价值是什么？我简单地把它归纳成为四个字，仁爱中庸。仁爱的爱，是从我们内心发射出来，对他人的一种辐射，是有层次感的。我们作为中庸之道的后代，基本上是不犯大错误。我们有这么好的本体论、有这么好的方法论，这些东西一定会起作用。全世界的目标不都需要这两种东西吗？所以，我觉得中华文化对于现代文化是一个推动和发展，无论是中国人还是外国人，都将起到重要的作用。那么有这么好的文化做支撑，中华民族的复兴指日可待。

但是要复兴文化，教育和学习至关重要，所以我觉得作为基金会，在这样一个过程之中，应该承担好自己的责任，发挥好自己的作用。整体来说，如果教育是一个基础，那文化就是灵魂，无论是政府还是民间，特别是民间的基金会，我们应该在未来十年二十年，大力复兴的过程中，发挥应有的作用。

第十一期　基金会如何有效地进行善款募集

基金会双月沙龙第十一期

时间：2014年12月19日

主办：中国社会组织促进会
承办：中国社会福利基金会
协办：中国社会组织杂志

编者按： 善款募集是各类慈善组织的重点工作，也是慈善组织可持续发展的重要基础。本期基金会主要针对“基金会如何有效地进行善款募集”进行深入讨论，从实践具体问题入手，剖析了基金会善款募集的有效途径。

中国社会福利基金会简介

中国社会福利基金会是由民政部发起的全国性公募基金会，成立于2005年6月14日，原名中国社会福利教育基金会，2011年7月15日经民政部批准更名为“中国社会福利基金会”。

中国社会福利基金会在民政部有关司局、社会爱心企业和爱心人士的大力支持和帮助下，事业得到长足发展，募集善款规模逐年增长，创立了一些品牌公益项目。基金会设立的适龄孤儿职业技能培训项目、919大病救助工程、蓝豹救援队、免费午餐基金、芒果微基金、鸿基金、关心下一代基金、学雷锋基金、梦想助力基金、社区发展基金、授渔基金等分支机构和专项基金开展的公益项目在社会上拥有了一定的知名度和影响力。

中国社会福利基金会开展的公益项目先后获得了“2011年度十大法治人物奖”“2011中国教育年度十大公益品牌”“2011年中国慈善推动者奖”“2012优秀公益项目奖”“2012年中国慈善推动者奖”“2012年第二届中国社会创新奖”“2013年中国慈善推动者奖”“2015年全国农民工优秀工作集体奖”、2012~2015年“中华慈善奖”。

缪　力　中国社会福利基金会

随着社会组织改革的不断深入，社会组织的数量不断增长，一方面政府逐步退出公益募集市场，转化为市场的监督者和管理者。同时随着公募权的放开，社会组织在募集市场扮演的角色更加积极主动；另一方面，公益组织多元化的发展逐步改变了传统的运营方式。因此，作为利用法人、自然人或其他组织捐赠的财产，以从事公益事业为目的非营利组织——基金会，更承担了对公益慈善事业募集善款的任务，互联网和现代经济手段丰富了筹资方式，公益事业规模取决于筹款的效率。

刘忠祥　民政部民间组织管理局

与发达国家相比，目前我国基金会的捐赠收入中，定向型的法人捐赠占了很大比例，面向公众募捐获得的收入不多，这与我国基金会募捐技术性、专业性不够高有直接关系。要想进一步培育、做大募捐市场，基金会就必须坚持公开性、透明性、体验性等原则，设计好自己的公益项目。

李彩云　中国妇女发展基金会

关于成功筹集资金的要素：第一，良好的公益项目，主要是被公众广泛认可、具有良好公益效应的品牌项目；第二，专业的筹款队伍，包括对客户的维护、计划筹资等；第三，透明的信息披露机制，包括资金运作、财务、项目评估等多个方面。

关于成功筹集资金的经验：第一，围绕党和政府民生问题的解决重心，找准切入点；第二，以项目的实施效果促进捐赠者忠诚度，动态、规范地管理、监督和评估项目，项目实施效果及时传达；第三，开展与社会组织的合作，支持其他社会组织的资金、能力提升等，拓宽项目的社会范围；第四，引导志愿者深入基金会项目，部分志愿者资源丰富，包括经验资源、人脉资源等，同时具有同样的公益梦想和公益价值，引导和动员志愿者能够有效、持续提升基金会项目实践效果；第五，创新开发筹款渠道，如互联网筹款等；第六，发挥联盟和平台的作用，构建专家、机构、志愿者组成优势互补的平台，开发运作灵活、长期稳定的项目；第七，发挥宣传与传播的作用，通过媒体提升基金会的品牌效应；第八，谨慎选择合作伙伴、长期风险防范、狠抓执行及监管机制。

黄晨乐　中国社会福利基金会联合劝募中心

基金会不应是沙漠中的胡杨林，公募基金会的未来主要在于是否能把握改革的机遇，改革的机遇关键点在于与 NGO 组织分享资源，与 NGO 伙伴共成长，以此作为基金会成长的重要动力。

中国社会福利基金会联合劝募中心在实践过程中存在以下问题：一是联合劝募概念国内普及度差；二是合作伙伴难以适应基金会正规管理体制，沟通成本较大；三是坐享其成心理依然是主流，筹资主动性较差；四是合作机构分布全国各地，管理难度较大。

张茹玮　新浪微博

人人都可以参与公益，公益都在身边，或是转发一条微博，或是点个赞等。利用媒体、企业、名人可以提升公益项目影响力和参与度，但前提是项目具有优势和亮点。

什么样的项目在新媒体上会吸引大家关注：第一，有专属的微博社区，如关注儿童类、扶贫类等；第二，简明清晰地表达项目的内容与目标；第三，充分调动各方资源，线上线下良好互动；第四，挑起公众兴趣点，引发话题讨论性，关键在于创新；第五，设计活动时要降低门槛；第六，维护与长期项目关注者的关系；第七，坚持创新是项目成长的关键成长通道；第八，随时关注社会热点。

褚松燕 国家行政学院

社会人应该有两只脚：一只是社区；另一只是基层社会组织。遗憾的是目前两只脚长得并不顺利，原因在于人对社区和社会组织的认识和参与较少。

互联网成为了社会人的第三只脚，其价值巨大，具有公开、及时、用户至上等特点。互联网使得参与公益门槛降低，方式多样化，搅动了社会原本沉淀的资本。互联网实际上是共享资源与认知的平台，同时意味着风险的共担。互联网有较强的媒体属性，传播力极强，有利于提升公益项目产品的影响力。

第十二期　基金会资助面面观

基金会双月沙龙第十二期

时间：2015年3月10日

主办：中国社会组织促进会
承办：南都公益基金会
协办：中国社会组织杂志

编者按： 按照基金会的资金使用方式进行划分，基金会可以分为运作型和资助型。资助型基金会将筹集到的资金主要用于资助其他组织运作公益项目，而不是自己运作公益项目。本期沙龙主要针对“基金会资助面面观”这一主题进行探索，分析资助型基金会的资助方向以及这其中的原因、经验、研究和心得。

南都公益基金会简介

南都公益基金会（英文名 Narada Foundation，以下简称“南都基金会”）成立于2007年5月11日。南都基金会是经民政部批准成立的非公募基金会，业务主管单位为民政部。南都基金会原始基金1亿元人民币，来源于上海南都集团有限公司。

南都公益基金会的使命是支持民间公益；愿景是社会公平正义，人人怀有希望；南都公益基金会阶段性战略（2017~2019年）：建设公益生态系统，促进跨界合作创新。

南都公益基金会标识设计以银杏树为原型。银杏树植根本土，生命力旺盛，有中国国树之称。图形突出了银杏叶的特征，形似一颗扎根大地的小树，象征着中国民间公益组织顽强生长的品格，同时蕴含南都基金会倾力培育民间公益之树的美好寓意。张开的树冠似伸向需要关怀的人们，让人心怀希望。

刘晓雪　南都公益基金会

资助有两个特别独特的价值：

价值一，资助确实能够发挥资金的杠杆作用，实现更大的社会效应。具体来说是你把资金给拥有不同特质、不同优质、不同擅长的团队，由他们去创造性解决社会问题，由此众多可能性会相互碰撞、孕育和发酵，所产生的效果和价值要远大于单一投向某个项目或点。

价值二，众所周知，NGO 资源来源众多，如企业的捐赠、个人的捐款、政府的购买、服务对象的收入等，与商业领域相比，基金会更类似于投资者，而其他资源方则类似于消费者，这是由基金会处于行业链条中的独特位置和优势决定的，是基金会的使命性价值。资助者拥有与消费者不同的角色定位，资助者需要挖掘有潜力的机构，并与机构共同努力将潜力充分释放，以获得消费者持续购买服务的最终结果。

与其他资源方相比，基金会具有如下特点：

（1）与政府相比，政界压力较小。

（2）投入具有周期长、规模大的特点。

（3）术业有专攻，可通过专业研究、探索和管理促进 NGO 成效达成。

上述特点意味着基金会与其他消费型资源方相比，会产生更大价值。

衡量是否实现了基金会特殊价值的指标有两个：第一是所产生社会效益的溢出；第二是对 NGO 能力提升的作用。社会问题解决需要人、团队、机构的持续跟进，过度地追求 GDP 指标会使资助得不偿失，未来可以尝试在资助项目的考核指标中加入 NGO 能力成长这一项。资助者是 NGO 发生质变的关键变量，由于消费者关注的重点是服务和产品，而机构本身发生改变则需要资助者的长期投入。

以景行计划为例来讨论实现独特价值的方式和所需的能力是什么。

首先，景行计划的定位是为拥有潜力产生大规模社会影响的机构的成长提供资助，以达到提升其影响力和能力的目的，有此定位是考虑到旺盛的社会需求。众多 NGO 组织的产品和服务创新非常有效，而如何拓宽创新产品和服务的覆盖面成了重要问题。然而，部分机构受限于资源，在实现扩大覆盖面和发生机构转变的过程中难以获得充足的人员、经费，由此带来的机构透支使其难以获得进一步的发展。因此，尽管社会需求和机构供给愿望并存，但由于缺少必要的燃料而使得机构难以发展。

要实现对机构的帮助，其中一个重要的方式是关注选择的价值。要具备足够的判断力，以选出具有潜力的机构。在景行计划中，有三个标准：

（1）机构所在领域的专家咨询与建议。

（2）实地考察，与服务对象直接交流。

（3）尽职调查，关注调研小组人员构成。

除此以外，被资助机构领导人或团队的雄心、内部学习机制等也是重要的参考标准。

王　毅　中国扶贫基金会

中国扶贫基金会是在 2006 年提出“筹资资助”战略转型的，并在 2014 年明确提出资助之道的理念。作为一家大型公募基金会，在做资助时的考虑和策略是今天我要与大家分享的内容。

2006 年，基金会转型后做两个坚持：一是坚持国际化探索；二是坚持筹资性战略。2014 年，基金会启动了合作社区发展陪伴计划、合作社区发展计划、合作加油计划等，同时也开展灾后的社区陪伴、社区重建向常态化农村社区发展的 NGO 合作模式，逐步建立农村社区发展的 NGO 组织合作模式。

公募基金会创新对整个行业生态环境意义重大，此举不仅可以调动和整合社会资源，更重要的是可以获得公众认可和支持。公募基金会一个重要的创新方向是与草根 NGO 共享公募权。

回顾社会资源研究所 2014 年在资助之声的文章，当前，国内仅有 10% 左右的资助型基金。基金会不做资助的原因可能有如下：第一，理念不清，不知为何要做资助；第二，能力不足，包括自身和合作伙伴的能力。

因此，阐述资助必要且独特的价值具有十分重要的意义。

回顾基金会从 2005~2012 年的资助，具有以下几个特点：

（1）特点一是和政府合作，如与江西省 NGO 和政府合作开展的村级扶贫规划试点项目。

（2）特点二是和媒体合作，如与中央电视台、凤凰卫视开展的 NGO 项目支持。

（3）特点三是基金会支持，NGO 的资金大多源自于灾后重建。值得一提的是，想要做资助的基金会可以通过与已经有经验的机构相互合作，达到更好的效果。

那么，中国扶贫基金会的资助之道是什么呢？我从使命、战略、策略和目标四个方面进行阐述。第一，基金会的使命是“遵循善心、拨善扶贫、修炼自身、成就他人”。第二，基金会通过实践探索得出的基本战略是从灾后社区陪伴、社区重建、向农村社区发展的 NGO 合作模式，开放战略、共享价值。第三是策略，投入一部分资金，通过经验分享和能力建设，与相关组织合作，撬动社区的资源和社会资本。第四，基金会的资助有如下四个目标：（1）培养一批具有社区扶贫愿景、使命和能力的合作伙伴；（2）总结基于中国 NGO 组织实践经验的农村社区减贫发展理论；（3）研究国际组织项目管理办法，形成有效的资助管理办法；（4）扩大国内外扶贫项目规模。

以“公益同行”资助项目为例，进一步阐明中国扶贫基金会的资助之道。“公益同行”是中国扶贫基金会的重要 NGO 合作项目之一，其项目模型分为以下三级：第一级是战略合作伙伴；第二级是支持机构；第三级是支持 NGO 伙伴。其合作理念是改变自我、改变乡村和改变中国。

那么“公益同行”的资助模式有哪些呢？

（1）支持。主要分为资金、技术、服务、传播支持。首先通过公开招投标的方式确定合作伙伴，共同去发现社区需求，进行社区动员，寻找社区能人，实现项目产出。

（2）成长。主要是指机构的成长、项目的成长、人才的成长和品牌的成长。要助力合作伙伴，发展社区产业，撬动社区资源，培养社区能人，关注社区成果。

（3）发展。主要是指社区自身的发展，我们经常考虑，如果三年以后我们走了，NGO 走了，这个社区会不会又回到最初的状态，在项目过程中，我们特别注重社区本地的理念发展、生计发展、服务发展和环境发展。

基金会先进入，NGO 第二步进入，本土化组织第三次出现，项目退出也是，基金会先退出，NGO 第二步退出，确保本土的社会组织能够留在本乡本土做长期的社会服务。

最后一点，移动互联网时代我们的思索。我们在与伙伴们合作的过程中，发现伙伴们仅仅靠资助是难以长期支持下去的，他们一定要学会怎么劝募和怎么来扩展自己的资源。移动互联网时代已经重新改写了整个社会的价值规律和游戏规则，公益行业也当然不会例外，哪个机构更有变革的勇气就会更有未来。

高广深　瑞银慈善基金会

今天我所介绍的是瑞银慈善基金会在中国做赠款管理的工作方法和步骤。

瑞银慈善基金会的运营成本由瑞士银行资助，捐赠来源主要是私人银行客户。目前，基金会的活动范围大致如下：第一，为儿童服务；第二，聚焦于全球重点项目。经过专家的一些研究得出，目前全球项目的主要四个方向为：(1) 学前教育；(2) 基础教育；(3) 健康卫生；(4) 儿童保护。

瑞银慈善基金会比较讲求影响和核心理念。社会问题如此之多，社会资源的需求又那么大，一个基金会甚至整个公益力量可以说是杯水车薪。因此，我们探索出一个办法，通过前期尝试和资助，对某些社会问题或新的解决办法进行试验和探索，并获得有力的证据，以此撬动更多的社会资源或政府投入。

目前，在亚洲地区有一种独特的模式。由于亚洲超高净值人群开始增多，因此他们开始关注慈善，但对于如何做此慈善，对他们而言仍然是探索阶段。当前更多的选择是与我们合作，在 3~5 年的时间段内，运用四五百万美元系统地做一些项目，并通过这些项目将自己的慈善机构和家族成员带动起来，这是我们和客户合作的一个模式。

一个基金会的资金来源很大程度上决定了基金会的资助方式。以瑞银基金会为例，一方面它有自身的体系和战略，另一方面它还要服务于它的客户。因此，它的项目可能会存在两极分化。

一般，瑞银基金会做项目大概会分成三个阶段：

第一阶段是针对特定的社会问题开展一些创新，资金量不大，时间在 1~2 年左右，这些项目的目的是探索一些基础问题，如留守儿童的问题如何解决，通过政府、团系统、妇联系统还是社区组织更佳。这一阶段一般强调了解现象，了解社会问题背后的影响因素。

第二阶段强调的是依据上一阶段探索的实际应用。依据上一阶段的探索结果，我们进一步扩大方法是否具有普遍性和可行性。由于验证阶段扩大试点时可能出现其他问题，这些问题可能直接影响实践效果。

第三个阶段关注的是对政府政策的影响。基金会存在影响政策的可能性，但难度比较大。这是由于某些社会问题已经不局限于缺乏资源或技术，复杂性较强。因此，受限于影响政策的目标可能不能百分之百达到，但是从社区利益提升或改变的视角出发，可能效果还是可见的。从中国的实践经验而言，经历测试、扩大试点并达到影响政策目的的慈善活动往往受到资助人的青睐。

当开展一个合作时，首先对社会需求进行论证，合作协议事先拟定。我们看中的是你如何支持合作伙伴的长远发展，并在施行过程中执行比较严格的质量控制。

我们选择合作伙伴最重要的核心标准有两个：一是是否真正了解所服务的人群；二是是否为所服务人群提供渠道。举些例子，有很多机构他们写很好的建议书，但是实际上是漂在上面的；有一些机构，比如它都没有财务管理，项目计划书也写不出来，但是这些都不是最重要的，因为这些东西可以通过技术手段来弥补，但是去了解一线的需求，还有能和受益群体一起紧密合作，这两个东西是很难用其他方法补过来的。

与此同时，我会比较注重项目监测，一方面是观察项目是否有成果，二是完成项目后受益人是否存在明显的变化。

刘　涛　社会资源研究所

首先，基金会本质是一定目的的资产集合。通俗而言，基金会是一笔

有自己意志的钱。目的有两点：一是基金会有自己特定的价值观；二是对社会问题解决或对社会产生影响。价值观和资金属性成为基金会区别于市场和政府，社会组织中社会团体、民办非企业的关键。基金会的价值实现过程是将资源转化为社会影响的过程。外界对基金会输入支持和需求，基金会输出资金给社会组织，通过社会组织解决社会问题。所支持的可能是资金、人才、技术等物质支持，也有可能是知识经验、理念上认同等精神支持。需求则包括透明度、有效性、捐赠人服务等。基金会除了输出资金外，还输出价值观，因此基金会一般会选择支持与自己使命和价值类似或相同的组织。基金会的价值实现过程受到外界环境影响，包括社会行动者的数量质量、社会问题的性质、政策法律等。资助是基金会实现价值转换的一种方式，关于资助的概念界定目前还比较模糊，通常将其纳入到公益产业链中进行分析，认为资助是基金会不直接参与项目的操作和执行，而是通过资助第三方公益性机构实施公益项目，从而为受益人间接提供服务。

作为一种资源配置的方式，基金会在社会资源转化为社会资源的过程中应尽量降低交易成本，提升效率，若在运作过程中产生交易成本和管理费用高于其产生的社会价值，则可以视作一种社会资源浪费。因此，资助的关键并不在于是否经过中间组织或第三方，而在于是否实现价值增值。资助意味着基金会将资助金主要用于第三方非营利机构或个人，借助其专业性获得乘数效应，从而超越资助本身价值。这一价值增值过程的关键在于资助行为经过资助自助专业性和特有能力发挥放大效应，产生超越资助本身的价值。

资助和运作只是实现基金会价值的两种方式，没有价值高低之分，在各自的领域都有专业性上的需求，基金会应该根据自身价值和能力选择运作方式。在实践中，为何还存在资助和运作两种不同类型的基金会呢？作为一种组织形式，基金会可以看成是运营慈善的特殊品。在市场上，基金会与企业组织相同，都面临着交易成本最小化的问题。根据交易费用理论，组织在市场交易和自身企业内部解决之间进行选择，两种交易费用高低决定组织采取哪种交易方式。正如我们在商业领域所看到的那样，纵向一体化是降低这种交易费用的方式之一。运作型基金会将筹资、项目设计、实施、监测、评估等全流程放在手上，通过这种纵向的一体化，实现交易成本最小化、降低不确定性和确保得到专属资产。而资助型基金会更多是通过横向联合，通过外部伙伴关系寻求最优解决方案。

为何资助型基金会是未来的发展趋势，原因如下：

（1）社会问题的复杂性和不确定性。社会问题的复杂性意味着需要多方力量和多种途径的解决方案，尤其是需要跨越社会领域的商业和政府力量的参与，而非依赖于单个社会组织的资源和能力。

（2）援助性项目空间的缩小。2013 年，企业基金会集中在基础资源支持上的项目比例高达 73.14%。而随着政府公共福利和社会保障的提升，单纯扶危济困等援助性项目的空间被压缩，需要更多关注发展性项目。

（3）发挥基金会的比较优势和核心能力。基金会处于公益产业链的上游，在功能上处于优势地位，是公益领域重要的关键性主体。同时相比而言基金会掌握的更多是资金，流动性高，很容易起资源整合和跨界联合的作用。而相对于政府和企业等其他部门的组织主体来说，基金会因其志愿性和公益性，也更容易起到这种跨界合作的作用。

（4）借助行业分工提升专业和效率。我们之前说到，很多运作型基金会想做资助的时候没办法，因为外部市场没有合适的机构或项目能通过横向合作实现成本最小化，而随着公益领域的发展成熟，越来越多公益组织的出现，使得基金会具备向资助转型的条件。可以看到，一些传统官办的运作型基金会，在实现项目筹资和运作分离的第一步之后，开始尝试向资助型基金会转型，实现资助和运作的分离。

在明确基金会和资助的基本界定之后，如果决定要尝试进行资助，如何才能找到适合自己的战略呢？首先回答两个问题，为何有的基金会虽然看似制定了明确的战略，但是对于某个具体项目，仍然不知道是否资助；而有些初创期基金会虽然没有成文的战略，但是走得比较顺利。其二，什么叫“像这个基金会做的事情”。

所谓战略是指为了实现预定目标而实施的一系列活动，其意义在于合理分配关键资源，做出正确决策。在这里，将基因定义为由基金会的价值和能力综合决定的一种较为稳固的外在呈现，它会从根本上影响着基金会实现社会价值的领域和方式等。所谓价值是指基金会的“意志”因素，信奉或追求的某种特定目的或价值主张，也即真正对何种事情感兴趣，并愿意长期持续投入。而基金会能力，包括基金会掌握的资金、人才、基础设施等物质资源，也包括理念支持、知识经验、制度化水平、管理流程等无形能力。

为何基金会基因能够发挥作用？相比而言，基因尤其是价值的稳定性较大，也不容易轻易改变，适合作为决策与行动的起点。而初创期的机构有一定的开放性，对使命界定较为宽泛和模糊，反倒是在价值和能力的影响下做出一些选择。创始人的价值或机构资源结构必然会产生影响，慈善的可持续性依赖于捐赠人个人价值和社会价值的统一。

关于基金会项目资助的三阶段。资助项目设计的不同思路和逻辑，根据其在运作方式、双方关系、主要精力、能力要求以及期待成果等方面的区别，可以将资助项目分为流程管理、伙伴关系管理以及平台管理三个阶段。

(1) 项目流程管理。在发展初期，基金会面临着使命和领域的模糊不清。这个时期对项目的选择更多是被动的，或者说是零散资助，缺乏系统性。在能力要求上，资助官员需要掌握基本的财务管理、资助流程，其主要精力也放在资助流程管理上。资助方与伙伴间更多是监测与被评估的关系，以期待能对风险进行控制，避免遭受资助损失。对于基金会来说，实现项目期望达到的目标是重要的，同时也能让自己更多地了解行业和熟悉潜在的合作伙伴。

（2）伙伴关系管理。我们看到不少资助型基金会都有自己的项目群或者品牌性项目，大家因为共同的目标或者项目聚集起来。资助方要做的除了项目管理之外，更重要的是与合作伙伴打交道。资助官员的能力主要在挑选合适的伙伴并陪伴其成长上，更多依赖的是资助官员个人能力和经验。这时候主要精力就从项目过渡到人身上了，期望能够实现人和团队的成长，从而实现某类议题或者某类问题解决或改善。对于资助方而言，项目的目标实现是重要的，但这种目标的实现更多是依赖于不帮办情况下伙伴能力的增长。

（3）平台管理。上述两阶段，主要精力还是放在项目或者伙伴身上。怎样将目光重新聚焦在社会问题上，重新聚焦在基金会的比较优势上，重新聚焦在基金会所要服务的人群上，这里面很重要的一个群体就是捐赠方。此前谈到资助的时候，经常会将捐赠方忘掉，事实上筹款和资助是紧密相连的。基金会如何通过自己的专业能力，搭建平台进行资源整合，将捐赠方、合作伙伴、公众、媒体等各方力量联合起来，实现跨界合作，实现期望中的社会变革和社会影响，能否在一个平台上充分满足不同参与主体的需求，成为考验基金会的重要能力。基金会同样需要具备财务、项目管理能力、与伙伴相处的能力，但更重要的是，需要充分理解服务对象需求，开发服务其需求的平台理念、规则、方法和机制等，使得项目成为一个多方合作和参与的平台。

对于资助，我们也经常会说除了资金，我们还能给什么？能给的是提供这样的机会，至于能否把握得住那是合作伙伴的事情。伙伴关系管理阶段，因为项目的成败与伙伴能力提升密切相关，很容易让这种资助关系成为利益同谋，基金会被对于失败的恐惧绑架了。而在平台管理阶段，我们要做的是整合资源，为各种主体参与提供接口，充分满足不同主体的需求。而对于伙伴的需求和能力提升，将其交给市场，而不是由基金会抱养或者包办。

卢德之　华民慈善基金会

关于资助面面观，关键词是资助。基金会为什么要来做这个资助呢？一开始，我的确对 NGO 组织信任度是不够的，经过这么多年的观察，NGO 组织是值得信任的。从基金会的角度看，如果每一个项目都是自己去做，那是做不好的。那么，基金会和 NGO 组织到底是什么关系呢？本质上应当是一种伙伴关系，特别是在社会发展过程中，在民间组织发展过程中，一个 NGO 与一个基金会就是一台车子的两个很重要的轮子，一个都不能少，二者之间是密不可分的、互相依赖的关系。

具体来说，这种关系具有几个特点：第一，是方向的同向性，二者是往一个方向向前推进，不能一个轮子往前走，一个轮子往后走。也就是说，无论是基金会还是 NGO 组织，都是有一个目标的，就是要更好地去解决我们共同感兴趣的、我们觉得必须去解决的一些社会问题。第二，具有互补性，二者是互补的，发挥各自的优势，这样才能实现使命和目标。第三，在发展过程中，二者互相促进，具有互补的作用。二者在运作过程中，一次又一次的合作，进而使得无论是基金会还是NGO组织能够不断地完善自我，更好地发展自己。第四，是共享性，通过努力实现了目标，就实现了共同的目标，在这个过程中，我们就实现了对社会的一种承诺，同时能够体会到一种强烈的幸福感和满足感。

这是对二者关系的一些认识，至于基金会如何把钱资助给NGO组织，也具有多样性。这种多样性可以用三种情况来界定：第一，由基金会的内在使命、理念、价值观来确定。大家刚才讲到了公募、非公募、运作型、资助型等特点，我个人认为，就运作型和资助型来说，纯粹的运作型和资助型是没有的。华民慈善基金会一直在做一个运作型的基金会，但是都能做得到吗？大学生就业资助项目，一年的资助额有3000多万元，都是通过各个合作学校组织发下去的，基金会不可能靠自己的力量把每一笔钱都用到接受资助的个人上去。所以，纯粹的资助型和运作型是没有的。但是，每一个基金会有各自的运作方式，这一切都与基金会内在价值观有关，包括它的使命、理念等都非常重要。第二，它是根据NGO组织自身的特点来决定的。基金会和NGO组织走到一起来了，实际上我们必须把各自的使命、理念、特点理解好了、明确了，也就能够很好地对接了。第三，需要一个合作交流的平台，像这样的双月沙龙就是很好的平台。当然，我们应该有更具体的对接方式、对接平台。

第十三期　央企公益的社会化运作

基金会双月沙龙第十三期

时间：2015 年 5 月 15 日

主办：中国社会组织促进会

承办：神华公益基金会

协办：中国社会组织杂志

编者按：以央企为代表的国有企业不仅在经济与社会发展中发挥了关键作用，在公益事业中也承担着越来越重要的角色，社会化运作有利于提高央企参与公益事业的效率。本期沙龙主要围绕“央企公益的社会化运作”进行深入讨论，为央企在公益活动中的社会化运作提供一些思路。

神华公益基金会简介

神华公益基金会是神华集团有限责任公司于2010年7月1日出资2亿元人民币发起成立的全国性非公募基金会，业务主管单位为民政部。基金会成立以来，秉承“奉献神华爱心，支持公益事业，促进社会和谐与发展”宗旨，汇神华爱心，襄公益事业，主要业务范围为扶贫济困、救助灾害、开展援藏、文化教育、科学研究、环境保护、合作交流、社区共建等。基金会于2014年荣获全国性社会组织5A级基金会，2015年荣获“全国先进社会组织”称号，受到社会各界广泛关注和赞誉。

在民政部与神华集团公司的领导与关怀下，基金会锐意进取、创新探索、规范发展，形成了一套成效显著、具有“神华公益”特色的管理模式与创新。

截至2016年年底，基金会累计收入20亿元，累计捐资总额12.26亿元，出资3亿元入股“中央企业贫困地区产业投资基金”。基金会聚焦精准救助、精准扶贫，开展公益项目50余个，受益地区涵盖31个省（市、自治区）2000余县，受惠总人数达864万人，开展了一系列以“神华爱心”为品牌的公益慈善项目，其中“神华爱心行动”项目荣获“中华慈善奖—最具影响力慈善项目”奖。

此外，基金会积极响应党中央号召，大力开展援藏援青、定点扶贫等项目，截至目前累计捐赠援藏资金 21833 万元，援青资金 9150 万元，定点帮扶资金 1600 万元，用于开展基础设施建设、教育扶贫等项目。神华公益基金会以“神州弘大爱，华夏倡仁心”为理念，以打造世界一流非公募基金会为愿景，正向国际化的公益慈善组织迈进。

谢友泉　神华公益基金会

社会化是党十八大以来，政府简政放权于社会，创新社会治理体系的重要手段和途径。任何一个社会组织都处于复杂的社会环境之中，必然会受到社会环境的各种影响和作用，而社会组织的行为方式也会被环境塑造，是不以社会组织的主观意志为转移的。因此，既要顺应经济社会活动的规律，又要摒弃过度市场化，要牢牢把握公益与市场的界限。社会化运作，有利于充分整合社会资源，进一步激发社会组织的活力。因此，当央企公益遇到社会化，将会产生良好的结果。

廖　鸿　民政部民间组织管理局

以央企为代表的国有企业在中国经济增长、对外开放、促进就业、民生、产业结构调整等方面起着至关重要的作用，我国拥有数量最庞大、活动最活跃、贡献最大的国有企业群。同时，央企享受着国家政策支持和财政投入，获得了充分的发展，但也存在政企不分等问题，急需改革。

在如此体制下，央企做公益是承担社会责任的一条路径。但过去的捐赠行为与央企的规划、战略、品牌设计存在不匹配，监管、评估问题都有待强化，探索央企、公益、基金会、社会化有效融合的机制。近年来，社会组织增长速度迅速，其中基金会增长速度最快。在基金会中，非公募基金会增长幅度超过了公募基金会，可见一批央企、民企都在寻找承担社会责任的途径。目前，我国的基金会存在内部治理、透明度、品牌等较多问题需要迫切改进。

黄　奕　招商局慈善基金会

首先，为什么企业要成立基金会？招商局在运营各种产业，也在承担社会责任。在承担社会责任的同时，希望寻找一个平台，能够统一负责社会责任事务，以提高效率。在公益界，有部分人或企业将资金直接给予某些人，类似于散户行为。现在，我们拥有了自己的公益价值链，在价值链中有不同的身份，如投资人、基金会、中介机构等，基金会在价值链中扮演了非常重要的角色。根据《基金会管理条例》规定："基金会是利用自然人、法人或其他组织捐赠的财产，以从事公益事业为目的的非营利法人。"在2004年以后，无论是个人或企业都获得了成立非公募基金会的资质。那么基金会在公益产业链中扮演了什么样的角色呢？基金会是公益产业链的上游机构，是带有强烈私人色彩的公共机构，是社会变革的一个风险投资，是带着价值观的资金。因此，基金会是机构投资者而非散户。基金会具有专业性，所谓专业性是指拥有专业的团队，对行业有研究和风险的控制。基金会工作的特殊性要求其具备团队专业性，它管理着宝贵的资金，这些资金可能带来社会的进步，促进人类的发展。近年来，社会对央企的捐赠存在一定的质疑，因此央企对捐赠出的资金负责，对于捐赠资金的内部流程是要完善的，对于捐赠的领域要基于战略考虑，捐赠的主体要有专业考量，捐赠的效果要有定期评估和总结，捐赠的运作管理是公开透明的。

作为一个理性的投资人，要提高资金的利用效率，比作基金会而言，要提高为了公众利益而进行投资的能力。公益投资和企业投资考察类似，均需要对投入产出比进行考量，从商业投资平台到公益投资平台看，都遵循着交易投资的一般规律，即要选择投资方向、确定投资规模、规避投资风险、评估投资效益。因此，需要对行业进行研究，原因在于只有通过行业研究才能了解我们的使命、需求和能力如何实现最大化。行业研究在解决社会问题时带来的影响可能在于某些行为，产出某些方法，为政府政策提供参考。作为行业研究而言，将公益项目分为两类：一是人道救助类，解决的是生存的权利，更多强调一次性捐赠，注重方式；二是价值推广类，提高人的生活质量，带来更好的社会，强调陪伴和可持续，注重方法。为什么要进行行业研究呢？基金会作为一个专业的投资者，从运作社会化角度考量要有专业化团队，行业研究是其基础性工作，同时要有一定的风险控制。

庄　伟　北京慈弘慈善基金会

基金会成立之初价值导向是关注人的发展，聚焦社会问题而解决社会

问题。通过专业项目体系设计，以完全社会化的方法来实现项目目标。项目社会化运作流程包括项目设计、立项书对外公示、项目考察、实地调研、组织实施、项目验收、信息公示、第三方评估等。以图书角项目为例，针对的社会问题有二：从物质层面是优质图书匮乏；从精神层面是儿童交流能力、阅读能力匮乏。实现目标的方式是通过四个层面社会化运作：层面一是将当地乡村老师和学生纳入到项目设计中，当地部分教师是基金会的义工，也是项目的协调、联系人，部分学生则任图书角的管理员；层面二是企业参与，由于本基金会有强烈的企业背景，制定了志愿者制度，追随基金会到实地调研，在集团中营造了良好的公益氛围；层面三是调动大量学者和专家参与到基金会的深入发展，邀请科学家来科普知识；层面四是地方执行 NGO、邀请大学生志愿者等。

对于社会化的思考，社会化的基本点是机构团队以真正公益精神来激发公众公益心，调动每个人美好的一面，在专业项目管理和设计下，将资源整合起来提高公益活动效率。

查德荣　中国光华科技基金会

基金会的战略转型实际上就是在讲战略，而模式创新就是战术问题。

针对基金会如何解决战略问题与战术问题，分三方面分享：第一，基金会要遵循自身的发展具体安排；第二，有型的转型，无型的探索；第三，转型实际上是抛弃，创新是模式方面的扬弃。

刘文奎　中国扶贫基金会

中国扶贫基金会最初社会化操作的原因是由于管理的局限性。资金、人员、场地等资源是有限的，若要做好事则要转换思路，因此开始了社会化运作，让专业的人做专业的事。基金会拥有品牌优势和筹款能力，擅长之处在于筹款，许多非擅长领域可以交由专业组织机构负责，促进优势整合互补。

以救灾项目为例阐述社会化与项目的融合过程。灾是贫困的关键原因之一，因灾返贫、因灾致贫现象比较普遍，2003 年扶贫基金会成立了救灾项目。灾后物资供给问题具有较强的专业性，对于受灾地区、人群需求考察、救灾专业知识、扶贫专业知识的要求很高，需要专业的机构实现。汶川地震时，基金会募捐资金超过了需要，根据调研发现这笔资金在灾后重建、生计恢复又不足，再发动大规模募捐并不现实，因此，与专业机构合作成为了选择。由于大型灾害容易引发全范围的关注，筹资较易，而局部性灾害则存在筹资困难、关注度少等问题，由基金会派人解决将产生许多费用，因此我们选择与当地伙伴合作，提高救灾的效率。中国扶贫基金会基本在各省均有合作伙伴，尽管小的灾难媒体不关注，但各省合作伙伴会及时汇报，以便于救灾活动的开展。

目前，中国基金会已经初步形成了三种救灾力量，一是救援队伍，由退伍军人、医生、基金会成员、消防士兵等组成；二是 NGO 组织；三是志愿者。基金会作为社会财富的管理者，财富源自于社会而要用于社会，如何使用这笔财富更加有效？社会化运作可能是一条良好的途径。坚持不单纯为了社会化而社会化，基金会社会化要有明确的战略和创新。

陶传进　北京师范大学社会公益研究中心

央企基金会在社会治理创新领域大有可为。具体有三个原因：第一，央企过去承担了大量社会责任，现在转由基金会主要负责。基金会是独立法人和公益组织，因此它有理由、有条件将事情更有效率地完成，将央企的资源在社会中更好地发挥作用。第二，央企未来会将更多的资源用于公益运作，继往开来。新规划的资源可以投放到社会化最前沿的热点中，筛选在环保、卫生、医疗、教育等领域实践最好的组织进行投放，使得资源更好地使用；第三，央企基金会已经有了行动的基础，在政府、社会已经形成了一定的共识。

对于社会化公益的概念包含三个要素：第一是自下而上；第二是横向的社会动员，动员公众参与捐款、志愿服务、项目运作等；第三是遵从社会市场，增加活力。

涂　猛　中国青少年发展基金会

第一，生逢其时，肩负使命，中国的基金会过去、现在、未来都被赋予了许多使命。第二，我们既是同行，也是同类，同类即我们基金会与大量基金会存在两种共性问题，一是体制约束和行政化，二是不接地气。第三，社区公益、草根公益在公益事业发挥关键作用，但也存在着独特的问题。第四，当社会化与市场化有效结合时，中国的公益事业将从萌芽走向成熟。

尹冬华 民政部社会福利与慈善事业促进司慈善处

第一，民政部社会福利与慈善事业促进司近年来在围绕“央企公益社会化运作”所做的三个工作有：一是与国资委合作举办“孤儿保险”项目，鼓励央企参与；二是连续三年举办慈善会，为央企及其他社会组织搭建交流平台，促进社会化运作；三是会同国资委出台促进慈善事业的相关文件，以明确中央企业参与慈善事业的路径。

第二，央企近年在慈善事业花费了大量资金，但效果欠佳，没有形成央企特色的慈善品牌，原因有：一是资金用于定向扶贫或地方政府摊派；二是捐赠事项由央企领导和地方领导确定，缺乏对需求的考虑。

第三，对于央企社会化运作的建议有：一是选择与慈善组织合作，充分利用各类慈善组织的优势；二是充分利用资源对接平台，进行合作伙伴筛选和资源整合；三是设立慈善信托，利用其灵活简便等独特优势。

刘默涵　华润慈善基金会

从企业基金会的角度出发，由于是非公募基金会，因此难以回避自上而下的问题，我们没有向社会公开募集的能力，所需要的资金都要向企业进行募集。想出色地完成一个项目，也无法回避自下而上的问题，若不尊重受赠人的需求和愿景，那么自上而下制定的目标是难以达成的。作为社会化运作而言，要确定自上而下和自下而上的结合点，既要完成项目设计愿景，又要让受赠人积极参与。

刘选国　中国红十字基金会

第一，政府救助兜底线，公益组织需转型。社会组织要和政府形成一种合力，除了资金和物资外，还有专业细分的救助服务，包括心灵抚慰、社工服务、居家养老、伤残人关怀等政府不擅长的领域。因此，社会组织要向专业细分转型，在政府已经覆盖的领域要逐渐退出。第二，利用极端案例设立基金的方式生存空间缩小。第三，社会组织和公益组织可以从救助型领域退出，逐渐关注促进人类社会发展、社会进步等宏大领域。

卢德之　华民慈善基金会

央企成立基金会好处众多，如解决社会问题、塑造央企品牌与形象、增加企业凝聚力等。央企的公益社会化包含了资金来源社会化、服务对象社会化、运作模式社会化和项目设计社会化等多个方面，其社会化一个十分重要的好处是有利于遏制腐败现象。而在社会化的过程中，央企基金会发展方向要与央企命运紧密联系，适应于央企的发展与转型，逐渐转变为具有相对独立性的社会化组织。

第十四期　新媒体传播与应用

基金会双月沙龙第十四期

时间：2015 年 7 月 28 日

主办：中国社会组织促进会
承办：爱佑慈善基金会
协办：中国社会组织杂志

编者按：新媒体的快速发展不仅推动了公益事业新格局的形成，还使其面临着一定的挑战和机遇。如何利用新媒体促进公益事业的发展成为一个被广泛关注的问题。本期沙龙围绕“新媒体传播与应用”这一主题，结合实际案例剖析新媒体在开展公益事业时的应用。

爱佑慈善基金会简介

爱佑慈善基金会
AI YOU FOUNDATION

爱佑慈善基金会（5A级基金会）成立于2004年，是中国首家注册成立的非公募基金会，由企业家发起并管理运作，在全国范围内开展项目。经过十余年的探索与发展，爱佑形成了孤贫儿童救助与公益创投两大项目矩阵。

一方面，爱佑倾力于孤贫儿童的救助，开展的公益慈善项目包括“爱佑童心”——孤贫先天性心脏病患儿手术治疗项目、“爱佑天使”——孤贫白血病患儿医疗救助项目、“爱佑新生”——病患孤儿医疗养护项目以及“爱佑和康”——残障儿童康复项目。2016年起又启动了“爱佑晨星”——孤贫儿童多病种医疗救助项目和“爱佑安生”——困境儿童救助与保护项目。

截至2016年年底，“爱佑童心”项目累计救助先心病患儿超40000名，“爱佑天使”项目累计救助白血病患儿已超2000名，“爱佑新生”项目累计养护病患孤儿近7000名，“爱佑和康”项目已在国内6个省市自治区建设康复机构，并同13家省级残联进行项目合作，共同开展省级孤独症康复技术培训。“爱佑晨星”项目救助198名大病儿童，救助金额支出300余万。“爱佑安生”困境儿童救助项目已于2016年年底完成项目设计，2017年度，拟在云南、贵州、四川等6个省份13个县协同合作伙伴开展试点工作，建立基层儿童福利服务网络，预计覆盖超过50000名有生存或发展需求的儿童。爱佑除了有两个全球同类规模最大的儿童医疗救助项目，还支持医疗机构开展临床科研项目，并建立了国内首个中国先天性心脏病外科手术数据库。

另一方面，爱佑基于自身在慈善项目方面积累的丰富经验，引进国际先进的理念与模式，借助移动互联网思维，开辟了公益创投项目矩阵。创建的项目包括“爱佑益+”——多维度公益资助项目、“赋能社”——公益人才能力建设项目。

“爱佑益+”为受助机构提供定制化资金、资源拓展、战略指导、管理（人力资源、财务和IT）辅导、品牌活动等多方面支持，帮助受助机构冲破瓶颈，迅速发展和成长，从而推动其所在的公益领域发展。截至2016年年底，“爱佑益+”资助的公益机构已达到100家。“赋能社”则是“爱佑益+”的有效补充，两个项目间相互借力，将构建一个更为活跃的良性公益创投生态系统。

经过多年创新发展，爱佑实现了从儿童医疗救助项目的单点突破到公益慈善行业的全面布局，形成了特有的“爱佑模式”。爱佑充分利用互联网思维，实现资源的高效整合，构建新的公益生态。

爱佑曾两次获得民政部最高奖项“中华慈善奖”，获民政部颁发的2015年度“全国优秀社会组织”称号、《福布斯》2015年中国慈善基金会榜单第一名、2015年度责任中国“公益组织奖”，多次获得中基透明指数“满分”。此外，爱佑每年主办的“慈善+”跨界公益论坛云集行业内外专家及国内外跨界领袖，在行业内外反响强烈，爱佑已逐渐成为慈善与跨行业领域交流的平台。

爱佑实行企业化管理，始终坚持专业化、规范化、职业化、国际化，追求高效、透明以及慈善效果可度量。在企业家精神的指引下，爱佑始终坚持创新并不断摸索能解决社会问题、促进公益慈善行业发展、产生更大社会影响力的新模式，不断尝试适合中国公益慈善行业发展的理念和手法，以丰富的项目实践逐渐形成一套独特的慈善方法论，其承载的更大价值在于为中国公益慈善领域提供可鉴范本。

苏　苏　益美传媒

新媒体是什么？是所有人传递给所有人的媒体形态，不仅包含微信微博、社交活动互动手段，还包括含传统媒体的转型。媒体发展的历程如下：首先是传统媒体时代，具有单向传播、被动接受、信息集中的特点；然后是门户网站时代，编辑把信息集合，供大家集中看；目前是新媒体时代，通过微信微博等双向传播，每个人既是信息传递者，也是信息接受者，同时还是信息来源，新媒体让公益传播成本降到最低。公益传播不需要为渠道付费，但前提是有好的内容，因为有好的内容可以占用好的渠道。

以免费午餐为例，最初是由凤凰卫视资深记者邓飞倡导。当时，微博正兴起，邓飞利用微博对自己做的相关事情进行了记录、传播和调动资源，他所影响的人群有媒体记者、企业明星、娱乐明星等，增强了信息的传达能力。在一个好的记者创造出好的内容的基础上，以微博作为传播途径，免费午餐项目迅速被大家了解。同时，其倡导人人公益的理念，传播内容十分简单，通过微博、微信迅速传播。

首先要讲内容。对微信公众号的关注源自于公众对我们的内容感兴趣。具体需要确定发布什么样的内容，要影响什么人群，人群获取信息的手段是什么，通过什么样的方式去影响这些人，这就是所谓的定位。在做内容的同时，要关注内容本身与当前热点是否吻合，是否参与到整个基金会项目的设置。

然后要讲传播技巧。微信所用语言与报纸、新闻稿、官网语言有所差异。微信更类似于与一个朋友在沟通与交流，因此要做到的是它的说话要亲切和有意思，同时在回复关注别人的话题时，要注重表达方式对目标群体的影响，要对他人的回复及时反馈等。起一个亲切好记的称呼，发布有营养有趣味的话题，被转发和分享的频率会更高。

除此之外，要关注分享的时间节点。以下是几个比较关键的节点：第一段时间是早上马桶时间，这段时间属于比较安静的阅读时间；第二段时间是上班路上的时间；第三段时间是午餐时间，通常在就餐时会使用手机进行阅读；下午的时间普遍被认为不利于推送信息，但我认为下午可能有些内容、热点会出现；第五段时间是下班时间；第六段时间是一天的顶峰时间，转发和分享的内容最多。

我们的推广法则是口口相传，让所有人传给所有的人。多结识朋友，尤其是关联度较强的领袖。微信的传播链条以朋友圈为主，一般而言，阅读者先阅读标题，若感兴趣就进一步深入了解；若觉得写得不错，那么就读完，读完后选择几句不错的话复制粘贴转发到朋友圈。因此，在文章里要有几句便于大家传播的话十分重要。要关注热点，有热点时借助热点，没有热点时制造热点，更贴切的说是引爆点。同时，要让微信的公众账号具有一定的辨识度，与他人的微信内容有所区分。要积极做好微信号的推荐工作，包括互推、自己搜索等等，因此认证很重要，微信不要设置太长的名字等。

要做好媒体资源的日常维护，提前和媒体进行沟通，按照他们想要的方法，提供他们所需要的素材，可以做对他们而言有深度的稿件，而建立在上述工作上的稿件为其传播提供了良好的基础。微信、微博传播的定位是说人话、勤互动、“傍大款”。“傍大款”是指傍那些关联性领袖，如明星、企业家、大V等等。同时，可以结识一些公众号的主编或者编辑，为你提供更多的传播基础。要勤互动，能够带动整个活动的传播。

项小伟　奥美中国

1991年5月，7岁的苏明娟是张湾小学一年级学生。她当时被记者拍下了一张照片，冠以“我要上学”这一主题，被各大报纸广泛转载和传播。从一个公关营销传播机构来看，这一传播最重要的是使用了很多平面媒体，当时大家对热点的关注还基本停留在电视和报纸，他一传播就产生了十分巨大的水波纹效应，焦点都聚集在他那里。但是我们现在面临的挑战是整个媒体都处于一个爆炸时代，因为像纸质传媒、电视传媒等传统媒体逐渐被微博、微信这样的新媒体占领。在这样的背景下，资源又是有限的，公益组织如何做好传播工作呢？

在与公益机构交流的过程中，我们会发现他们面临的一些挑战：第一是面对的媒体很多；第二是重视程度，他们没有特别正式的品牌观和传播观；第三是即使重视了，没有找到一个准确的传播方式，人群定位不正确；第四是传播工具不到位；第五是跟媒体打交道能力较弱。

那么如何有效地解决上面的问题呢？第一是有初心。既然做公益营销，就是先公益，后营销，而不是将营销置于公益之前。第二是定位。要将目标对象和目标市场进行重新包装。第三是说对话。要根据目标人群的特点调整传播方式。第四是够透明。随着微博、微信等新媒体的发展，要实现过程透明和结果透明。第五是要持续，要有专门的人去维护，持续更新，要与热点与其互动更新，有始有终。

以 2014 年奥美和沈阳心理研究所、当地艺术家合作的项目为例，这是以青少年暴力呈上升趋势为背景的一个项目。我们走入劳教所对相关人员进行访谈，他们之所以进入劳教所一个很重要的原因是，在他们成长过程中父母所使用的语言，我们从中提炼出六种语言，并提出一个主题，暴力语言会变成凶器。与此同时，在商场进行用户体验，还有对应的微信公众号，建立起网站、视频、微信的传播平台等。但是上述做法仅仅是打动了他们，并不能帮助青少年，要有心理辅导机构去跟进。因此，沈阳心理研究所和奥美成立了一个微信帮助账号，若青少年有需求可以与心理辅导员沟通。

另外一个，看一下 361 和中国扶贫基金会、天猫、新浪微公益和奥美合作的买一善一的项目，这个项目非常成功。它于 2013 年 9 月上线，到目前仍运行十分好，在微博、官方账号、官方网站都维护得十分好，商标也已经注册。这个案例是用来说明前面说的有持续、找对人、有明确的品牌定位。

这个项目所做的事情是你购买一双公益专用鞋，那么山区的孩子同样会获得一双新的鞋。之所以做这个项目的原因是361在天猫商城上线，在上线之前他做一个公益传播的项目。也就是我刚所说的先公益后营销。通过这一公益线，进行广泛传播，也可以告诉大家361的社会责任感，同时还告诉大家可以通过天猫商城完成鞋子的购买，既把营销做好，也把公益做好。

具体看，他们通过海报、微视频、关联性领袖等对山区的情况进行宣传，让观看者感同身受。与此同时，过程透明十分重要，这一项目能看见不同的人每天捐赠不同的鞋，每天捐赠了多少鞋子，都是实时呈现的，包括这双鞋最终的受益人是谁。除此之外，还有专人的维护，结合不同时期的热点，做很多的品牌宣传等等。还有就是，整个企业的品牌、中国扶贫基金会、天猫商城、新浪微公益等都衔接得非常好。

再来看一个微信的例子，这个项目称为盲胞读书。理念是你可以选择一本书的某个章节读一分钟，然后所读的内容会被收纳到数据库，并由工作人员处理与其他人所读内容衔接为一个完整的故事。利用了众包模式，基于媒介的特点打造出全民参与的感觉。他们在盲人日的时候送了很多语音及复读机。

要坚持有初心，一定是先公益后营销，对品牌进行重新定位，找对人说对话。整个的过程和结果都透明，要持续有一个专人维护，持续更新，有始有终。

余　哲　新浪微公益

如何有效地通过社交媒体进行筹款?

要回答这个问题，第一个要搞清楚什么是新媒体?什么是社交媒体?我个人认为社交媒体有两个特点：一个是@；一个是#。@代表个体，#号代表话题。在社交媒体上，有许多个体，也有许多个体一起进行的一些事件，我认为这是社交媒体两个非常重要的特点。

对于公益组织来说，很多公益组织拥有自己的微博、微信，那么如何去培养自己的粉丝和微信的订阅用户，做好自己的账号?另一个事情，怎么通过事件将我们的理念、活动等传播出去?

今天我们说公益+，进行公益活动的渠道很多，大家可以通过传统的方式进行募款，也可以通过传统方式举办各种各样的活动。那么有了互联网之后，我们多了一条更有效的渠道，让大家知道你在做什么，你希望帮助到哪些人，微公益是做互联网公益+中比较早的一个平台。

由于近些年来无论是需要帮助的人还是愿意帮助别人的人都越来越多，所以我们会建立起这样一个平台。一方面是让求助人有求助的平台，另一方面是许多企业、大V都想做一些捐款的行为，而且他们希望更多的人去知道他做这件事或是希望有更多的网友参与到这件事之中。还有微拍卖，微博上有许多明星、大V可能会有一些物品，他们想拿出来拍卖，拍卖以后将拍卖款捐赠给公益机构，除此之外我们还有品牌捐等等。可见，在没有互联网之前，公益在线下也在进行，但有了互联网这种方式，有了一种新的传播方式。

大家既然要做好一个账号，首先要了解微博上关注公益的人群有哪些，是什么样的？从捐赠的角度看，仍然是一些以小额捐赠为主的群体；从项目上看，更多的是关注医疗救助和支教助学类，像环境保护、动物保护仍然比较少。这可能是现在网友的一个公益观，认为公益就是救苦救难，帮助特别困苦的人。所以现在要做的更多的是想办法让更多的人去关注你，关注你做的项目，改变他们的认识。让我们去改变大家的一些观点，吸引大家对公益的传统看法，这一点是非常重要的。这也是我认为微博和微信存在差异的地方，因为微博是一个面向公共的传播平台，去吸引更多新的客户，将一些对公益不太了解的人的认识进行转化，在陌生人和朋友之间传播公益的效果是有所差异的。另外看微信，在朋友圈分享一些关于公益的文章，朋友可能十分乐意帮你点赞和转发，但是如果遇到一个陌生人，参与的门槛就相当高，相应的传播战略也有所调整，因此定位受众目标十分重要。

公益怎么做能吸引更多人来参与呢？在平时的运营中，首先是把自己的账号做好，能做到有自己的影响力，让更多的人去关注你，加强自己的传播能力，只有这样才能在联合资源时有议价能力，才会有更多的人愿意与你合作。要在运营的过程中做到专业化和去专业化。专业化是指运营过程中专业化的提升，增强说服力，让大家持续跟进这个事情；去专业化就是在传播过程中，要将专业化内容先降低，甚至可以保留符号，让大家更好地理解，让更多人参与在其中。在活动影响力扩散之后，再进行引导，循序渐进地让大家参与、理解我们的项目。

我认为公益营销是世界上最高明的一种营销，但今天要将他改成营销公益。因为公益营销和营销公益存在差异，营销公益才是最后的目的，是希望大家参与到公益之中，可能商业目的没那么明确，那么参与到公益中能有什么反馈给大家呢？其实更多的是一种体验，很难以实物的形式体现。所以说，不理解的人可能会觉得你是空手套白狼，但是如果大家都心甘情愿地去做这件事情非常难。

刘忠祥　民政部民间组织管理局

谈谈我的一点感想，因为我是 60 后的，对这个新媒体还是比较陌生的，也不能说陌生，但是用着肯定不像 80 后和 90 后这样娴熟，因为以前形成了自己的思维方式和行为习惯。我想谈两点感受，通过以前的了解，包括今天电影的介绍，这个新媒体可能是一种技术、一种方式，我们要专业，还要正式，还要利用它，不可能回避它。无论个人还是一个组织，包括公益组织，肯定要利用新的东西。

比如说你做公益，你去募捐，你去选择数据对象，你还要公开透明，因为新媒体是最快捷的，成本最低的，这个我们肯定要很好地利用，这是第一句话。

第二句话，我认为就是要有定义，比如说像刚才项小伟老师讲的，要不改初心。因为对公益组织来说，每个公益组织情况是不一样的，受众对象是不一样的，资金来源可能不一样，运行方式也不一样。不能说别人拥有新媒体某种方式，我们必须要去用，要有选择，要有自己的鉴定，要根据自己的实际情况。

举个例子，我现在主要的获取资源的方式还是读纸质的书，获取知识；我也看微信，为什么用微信呢？第一个原因是要跟很多同学聊天；第二个原因是孩子在远方读书，我要跟他视频，那可能用微信非常方便。还有我没有回避它，但是因为习惯，还有一些自身的东西，选择微信这种方式可能自己感觉就不是特别习惯。

新媒体是一个十分好的技术，因为世界大家都看，真正的变革都是伴随着某项技术而推进的。比如交通工具技术变革改变了人的社交范围和生活方式，那互联网可能改变得更多。而且随着现在的发展，所谓的穿戴设备之类的出现，可能将来人在家里、不用出门就能把一些事情办了，都有可能，所以我不能回避它。

第十五期　基金会改革、创新的战略与路径

基金会双月沙龙第十五期

时间：2015年10月19日

主办：中国社会组织促进会
承办：浙江大学教育基金会
协办：中国社会组织杂志

编者按：本期沙龙以“基金会改革、创新的战略与路径”为题，研判了我国基金会当前所处阶段，挖掘了发展过程中的问题和不足，并探索出以改革、创新为战略的突破路径。

浙江大学教育基金会简介

浙江大学教育基金会
Zhejiang University Education Foundation

为纪念竺可桢老校长的卓越功绩，弘扬他亲自倡导的“求是”精神，开拓海内外共创教育大业渠道，加快浙江大学进入世界一流大学的进程，为国家培养更多的栋梁人才，1994 年 3 月，浙江大学联合社会各界成立“浙江大学竺可桢教育基金会”。

2000 年 5 月，原“浙江大学竺可桢教育基金会”和原“杭州大学基金会”融合而成新的“浙江大学竺可桢教育基金会”；2004 年 11 月，根据国务院颁布实施的《基金会管理条例》，“浙江大学竺可桢教育基金会”重新进行登记注册，更名为“浙江大学教育发展基金会”；2006 年 7 月，经教育部批准，“浙江大学教育发展基金会”在国家民政部重新进行登记注册，更名为“浙江大学教育基金会”；2010 年 2 月，浙江大学教育基金会被民政部授予“中国社会组织评估等级 4A”；2015 年 7 月，浙江大学教育基金会被民政部授予“中国社会组织评估等级 5A”；2017 年 3 月，浙江大学教育基金会被民政部认定为慈善组织。

浙江大学教育基金会是全国性私募基金会。基金会接受社会各界的捐赠，主要用于教育与科研、人才引进与对外交流、校园基本建设、奖助学金、学生活动或与学校教育事业有关的其他项目。

郁建兴　浙江大学

第一个话题，什么是慈善。慈善不局限于非营利组织，所谓非营利组织要阐明的特点是无分配约束，即利润不能分配。但慈善不仅仅是金钱的捐赠和财富的转移，它还包括志愿服务、理念倡导、价值观传播等。那么慈善和公益有区别吗？政府的绝大部分工作都是为了公众利益，与慈善事业又有什么区别呢？公益，有自愿性的公益和非自愿性的公益，被强制征收的税收是政府用作公益了，这是非自愿性公益；而慈善又分私人慈善和公益性慈善。慈善最重要的两个性质是公益性和自愿性。

有了传统意义上的慈善事业，那么为什么还需要现代基金会？传统的慈善事业面临着两个问题：一是资金不足；二是目前大慈善正在发展，离不开专业团队。基金会一方面可以为拓宽传统慈善事业的筹资渠道提供路径，另一方面是专业善财之道的机构。因此，现代基金会和传统慈善事业有重大区别，概括为三点：一是治理方面，现代基金会引入了商业部门的治理结构；二是目标，现代基金业已经不再满足于扶贫救困，更多的关注治理贫穷的根源，如教育、医疗等提升人能力和技能的领域；三是运作方面，现代基金会已经不再是志愿者的业余活动，对于专业化、职业化要求高。

现代意义上的基金会在20世纪初起源于美国，一个典型的案例是美国博物馆基金会。现代基金会的兴起存在一定的时代背景：一是美国南北战争后的兴旺发展，造就了巨大的财富；二是社会转型；三是捐赠的规模化。再将中国与美国的基金会相比较：第一是私人基金会，美国的基金会绝大部分源自于私人，与中国基金会筹资来源于企业的比例相似，二者比例呈现倒置。第二，定义有所不同。我国《基金会管理条例》规定，利用自然人、法人或其他社会组织捐赠的财产，以从事慈善事业为目的，依法设立的非营利性法人，适用于所有的慈善组织。而美国的规定更加积极：非政府的、非营利的，资金来源通常为家庭和个人，并设有理事会管理工作规划的组织，目的是支持教育、慈善、宗教等其他活动，以服务于公共福利，主要途径对其他非营利机构的资助。第三，从数量看，美国仅私人基金会接近十万个，而中国在民政部门登记的社会组织约为六十万个，中国基金会占社会组织的比重远小于美国；第四，从类型看，美国的基金会以资助型为主，而中国则以运作型为主。第五，从管理看，中美之间对于社会组织在税法和其他规定上存在差异。

中国的第一家基金会是在1981年4月4日成立的浙江省妇女儿童基金会，第一家全国性基金会也在1981年成立——中国儿童少年基金会。1988年颁布了《基金会管理办法》，在2004年《基金会管理条例》出台前，我们的基金会一共1200家。除了1989年和1995年成立的基金会数量比较多，其他年份都比较少。自条例颁布后，基金会发展进入了快车道，其增长速度高于其他社会组织，大概以19%的速度在增长，非公募基金发展远高于公募基金，且数量是其两倍。按省区划分，净资产最高的基金会省市有广东、北京、江苏、浙江、上海，上述省区基金会的数量占全国的一半，是基金会发展最好的五个省市，且非公募基金会远高于公募基金会。从资金来源看十分不平衡，90%的资金来源于境内，个人捐赠只占36%，政府补助是基金会的重要收入来源。从公益支出看，公募基金会的公益支出远远高于非公募基金会。从制度环境看，现行的基金会条款对基金会约束较多，但同样的制度环境，为什么基金会运行结果存在差异？与内部治理、治理能力相关，还有专业人员缺乏等等。

中国的基金会仍存在很多问题，如治理结构、专业化程度、资产的保值增值能力有待提升等等。那么可能的对策有：一是改革现行的社会组织管理体制；二是落实合规性监管原则；三是慈善事业应该从传统的扶贫济困到价值倡导。

梁星心　浙江省民政厅

公益和慈善有四大不同：第一是历史不同。慈善已经有五千年历史了，而公益是1919年封建王朝结束之后才出现的。第二是法律不同。目前没有慈善法，《公益事业捐赠法》第十条只有慈善两字，将慈善组织作为公益性社会团体之一。第三是组织不同。第四是对象不同。公益是让人人受益，没有特定的人群，慈善是源自于民间，服务于民间的，瞄准的是特定人群。目前，需要分开的是政府职能和公民的责任担当，政府的收入主要源自于纳税人，政府倡导公益是人类命运共同体的发展方向，慈善管理、慈善法规、慈善倡导也是政府的工作，但政府不能代替慈善。

茅理翔　方太集团

我于 2004 年捐赠支持创建浙江大学管理学院企业家学院，希望将其“富二代转变为创二代”的理念传承和发扬，并用企业家精神办好企业家学院，保持企业家学院的特色，创新做好创业与民营企业管理方面的学科建设。基金会是个很好的平台，能帮助从困境中发展起来成功的企业家履行更多的社会责任。

赵劲松　清华大学

大学基金会有其自身的特点，因为与大学的关系十分紧密，我们筹资的资本大多源自于学校，而我们所筹的资金也用在大学。基金会的战略就是大学的战略，大学基金会要按照大学的战略执行。因此，大学基金会要服务学校战略，持续创新发展。大学基金会要将重点落在对“人”的关注上，围绕“人”在理念、机制、模式上要改革创新。以学生培养作为内核，以改革教育教学作为新的人才培养模式，配以对人才培养教师的需求，方能赢得社会和捐赠人对基金会的认可。

邓　娅　北京大学

改革开放所带来的财富积累，国家政策的指导和支持，国民慈善意识的逐步树立成为了近年来基金会蓬勃发展的重要原因。截至 2015 年 9 月，我国基金会数量达 4600 多家，资产总量达 1022 亿元。非公募基金会近几年迅速发展，成为了基金会发展的关键力量。

高校基金会的发展通过设立教学奖励项目、奖学金项目、基础设施建设项目，推动了高校的快速发展。但大学基金会对学校的作用远远不止于资金层次，对其他方面也起到了重大作用。第一，人的培养。捐赠人通过设立国际交流基金，开阔学生视野；设立社会实践基金，鼓励学生扶贫，鼓励学生参加公益，对学生品质、价值观的培养都起到了积极作用。第二，社会捐赠对学校体制、相关制度的完善也发挥了非常好的作用，比如说设立奖助学基金，学校设立奖助学金的评定标准引导一个学生如何成为一个优秀的人才。第三，社会捐赠还促进了学校、企业、个人的合作，更加有利于大学服务国家、社会的要求。第四，大学基金会促进了社会公益事业的发展。

在新的历史时期，随着经济社会发展和大学发展更高要求，目前基金会面临着新的挑战。第一，外在环境的变化，包括政府和社会对基金会的要求正在提高、全媒体环境增加了大学基金会的关注、经济下行压力使得短期筹资速度放缓等。第二，改革开放后高校发展非常迅速，目前站在了新起点。在新的起点上对大学有了更高的要求，教育改革、人才培养、师资提高的迫切要求使得基金会面临更大的筹资压力。第三，国际化新格局，国内外高校共同培养人才需求增加。可以看出，大学基金会的工作重点将在基础设施建设转变为以资助人为主，同时可以看出长期资助项目增多。除此之外，基金会还有一个重大挑战是项目和财务管理要求增加。资金项目体量发展非常迅速，而且项目数量巨大，因此要从项目全过程设计、管理、监督等。

面对新的挑战，要尊重慈善规律，改革创新。作为一个大学基金会，要发挥两只手的协力，要正确处理好与大学的关系，发挥行政和市场的作用。第一，要服务于大学的发展战略，配合大学校内资源统筹等。第二，为了更加有效运行，基金会要落实半市场化或者说是半公司化的改造，借鉴国企改革的经验，进一步改革基金会的内部治理机构，发挥企业家精神。第三，实施全面的质量管理，包括筹资、投资安全、项目执行、成本控制等全面提升项目质量。第四，共同呼吁更加宽松的政治环境，包括税收、政策等。

胡　炜　浙江大学

中国的大学随着中国的强大而强大，中国的教育也会不断提升，在此背景下大学基金会面临着巨大的改变需求。

对于人才队伍的建设，人才是基金会发展的关键因素之一。一个基金会有自己独特的任务，包括项目策划、协议起草、中期沟通、捐赠、项目执行、理财、媒体宣传等，要适应新变化，对基金会来讲最根本就是人的问题。在变化的过程中，大学战略也在不断地变革，人才能力的提升十分关键，比如目前高级筹资专员、公共关系专员、信息技术人才等紧缺，满足人才需求才能与学校战略的变革相匹配。以高级筹资专员为例，应具备能够把握资助方要求及关键信息、有较强的表达和游说能力、在压力和质疑下快速反应能力、了解国内外各类资助方特点能力、有人脉资源并挖掘的能力。为了适应高速变化的需求，吸引优秀人才，浙江大学基金会作出了许多努力，如人事管理制度不断完善、明确专人扶持人力资源、加大培训力度等。加强人才建设，除了学校对基金会的支持，政府在其中的力量显得更加重要。

国家职业分类大典中有一种新型职业称为劝募员，目前人才培养数量较少、层次较低。同时，劝募员的名称不应局限于“劝募”，设置应该更加合理，更加优秀的人才能进入这一领域之中。

刘振国　民政部民间组织管理局

十八大以来，社会组织发展的内外部环境发生了很大变化，其功能和作用也逐步丰富和完善。回顾近十年，社会组织从原本的无人认知到现在知道的人越来越多。由 2014 年起，为了落实中央要求，各部门在制定政策时，均将社会组织纳入了考虑体系中，包括教育、文化、卫生、司法等等。梳理各部门制定关于社会组织的文件众多，包括行业脱钩、党建、社会智库、改革等文件，充分体现了国家和社会对社会组织的重视程度，对于社会组织的环境的共识正在形成，政策环境正逐步改善。

关于对基金会的认识：第一，基金会具有的其中一个功能是整合社会资源，促使社会更加公平。政府的职能具有普惠性，企业的职能在于创造财富，但每个人的需求并不完全相同，因此在满足个人需求方面基金会拥有独特优势，可以弥补政府功能的缺失。第二，社会组织的定位，核心在于内部治理，促使基金会成为专业化、具有公信力的组织。因此，需要完善内部治理结构、自身建设、公信力建设、项目管理、人才培养等等。第三，处理各方面的关系，如与政府的关系、与企业的关系、与社会的关系等。基金会的眼光不应局限于本身，要放眼于整体总体资源配置，创造良好的外部环境。

第十六期　名人基金会的社会影响力及项目有效性

基金会双月沙龙第十六期

时间：2015 年 12 月 16 日

主办：中国社会组织促进会

承办：陈香梅公益基金会

协办：中国社会组织杂志

编者按：名人基金会具有极强的影响力和示范效应。本期沙龙围绕“名人基金会的社会影响力及项目有效性”为主题，从战略定位、聚集影响力、专业化、评估体系等多视角深入剖析了名人基金会运作问题。

陈香梅公益基金会简介

陈香梅公益基金会（Anna Chennault Foundation）是经中华人民共和国民政部批准成立的全国性非公募基金会。基金会的使命是全心全意致力于让公益赞美生命的伟大事业。

陈香梅公益基金会通过开展“陈香梅奖”“陈香梅国际论坛”“陈香梅教育”等公益项目，聚焦世界公益领袖，传播分享他们的传奇人生，倡导和弘扬他们的公益精神，使广大公众学有“人师”，行有“世范”。通过开展“千校工程”“好老师工程”等设立专项基金，对NGO组织及其他社会组织提供有效支持和资助，实现其专业化、制度化运作，发挥社会创新的功能，担当美好社会环境的责任。通过国际、国内、政府、民间、企业、个人等多方面用心合作，在更广泛的程度上进行资源整合与融通，实现社会财富第三次分配的重要作用，推动社会更大范围的公平。

陈香梅公益基金会是推动社会和谐进步、创新教育事业发展，实现“好老师、好学生、好公民、好社会”美好生活的公益平台。

师艳丽　陈香梅公益基金会

关于战略定位总让人感觉有点大，但是在实践过程中它确确实实是一个要落地的行动。任何一个基金会在成立后在使命目标价值观的指导下，都会面临着如何组织团队与社会资源进行有效的契合，发挥社会资源的最大作用，支持基金会解决最大的社会问题。而名人基金会要面临的问题是如何让名人的价值最大化，让名人参与到社会价值的增值中，这也是名人基金会与其他基金会明显不同的地方。

如何能够做到既让团队成员明确使命的方向，同时兼顾资源聚焦，实现基金会最大价值，又如何带领团队抵达社会公众心中独特的位置；公益活动如何让捐赠人、受益人、参与各方满意，让我们做的有成就。基于上述的目的，通过充分的讨论，有以下的分析和结论：

第一，以陈香梅公益基金会的起源入手。首先介绍飞虎将军陈纳德，他当时为了世界正义与和平，与中国人民一起浴血奋战，抵御日寇。从社会价值层面分析，陈纳德将军带给我们的是他是生命的好榜样，他是我们生命要去的方向。因此，定位在生命的好榜样是对我们缘起的解析。

第二，相信大家对陈香梅基金会的创始人，国际著名社会活动家、民间外交大使、美国国际合作基金会主席，陈纳德将军的夫人陈香梅女士比较清楚。陈香梅女士秉承着陈纳德先生的精神，在美国政商界取得了令人瞩目的成就。在这个特殊的位置中，她认为自己拥有特殊的责任。尽管年岁已高，她仍然传承陈纳德勇敢负责任的大爱精神，身体力行，始终秉承的信念是继续努力。在社会价值层面看，陈香梅女士是我们的好老师。上述分析看出名人基金会最关键的是名人价值，名人基金会立足社会的目的，要告诉大家我是谁。

第三，从基金会的使命目标价值分析。我们是以公益为荣的人，是生命被赋予公益价值的人。在确立基金会使命后，通过开展陈香梅奖、陈香梅国际论坛、陈香梅教育等项目，分享名人的传奇人生，包括陈香梅、陈纳德，让广大公众学有人师，行有示范。同时，通过开展千校好老师工程对 NGO 和其他的社会组织提供有效的支持和资助，实现专业化、制度化运作发挥社会创新的功能，担当美化社会环境的责任。通过国际国内政府、民间、企业、个人等多方面的用心合作，发挥我们的优势，在更大范围的程度上进行资源整合和融通，实现社会财富第三次分配的重要作用。基于此，我们得出的结论是陈香梅公益基金会是推动社会和谐进步，实现好老师、好学生、好公民、好社会的公益平台。

第四，从基金会目前的团队优势进行分析。经过五年的探索实践，使命伴随着我们在运行中调整，在调整中前进，目前团队已形成如下特色：第一，有社会担当；第二，有自律利他的志愿品质；第三，有长期积累的教育经验；第四，有国际国内公益项目的管理监督执行的经验；第五，有基金项目规划设计的能力；第六，有国际国内教育专家、公益慈善专家优势教师的资源。上述分析表明陈香梅基金会有能力适配的专业团队。

第五，从基金会的实际捐赠操作看，基金会的公益捐赠收入或支出逐年呈递增的态势，比较稳定；基金会发展的分布在公益范围、受益人群、基金投入方面都在增加扩大。项目的实际开展看，能力建设类项目和价值倡导类项目逐年增多。受益人群的年龄段不断扩大，影响范围也在扩张。基金会在关注生命发展和生命的社会价值提升方面的社会资源逐年增加。

与此同时，基金会内部达成了如下共识：第一，陈香梅公益基金有名人基因，而且是生命的好老师和好榜样；第二，陈香梅公益基金会有专业的公益团队；第三，陈香梅公益基金会设立的基金和项目都在聚焦生命的能力建设和价值倡导。共识是战略定位的关键，它在我们确定有什么资源、社会责任、做什么、能做什么等方面发挥了充分的作用。基金会的战略定位永远是一个过程，是一个不断完善积累沉淀深入人心的历程。让我们一起共勉在公益慈善发展的道路上绽放生命的无限光彩。

周魁庆　中国红十字基金会

中国红十字基金会与名人基金会有一个共同点是我会的平台下设立了一系列的名人专项基金，比如杨澜女士发起的阳光文化基金、崔永元公益

基金、嫣然天使基金等。通过近几年的工作，我给大家梳理了几个方面的内容进行分享：

第一，简单介绍一下红十字专项基金的概况。中国红十字基金会从2005年开始设立专项基金，前后共设立过77个，目前存续55个。专项基金会的类型是各式各样的，有与发起人合作但无人无资金注入的，这一类基金会通过媒体向社会号召支持；还有一类是与组织法人或一些公司合作发起的；还有与自然人合作发起的，如嫣然天使基金等等。专项基金的设立对我们的筹资具有非常大的促进作用，因为我们基本的筹资就是以专项基金作为主要平台的，同时设立也有利于我们推进项目长期的规范发展。

第二，专项基金的规范管理。专项基金管理的根本依据是政策。具体政策有公益事业的捐赠法、基金会管理条例、公益慈善捐赠信息公开指引等，还有规范基金会行为的若干规定。在此基础上进行制度建设，由于该制度是所有专项基金的一个执行规范，因此它要体现公平公正。具体来说，面对所有的专项基金，如何操作，每个基金如何做，如何规避专项基金之间的矛盾，这些要有制度可依。同时，我们希望专项基金可以达到十有的要求：有基金管理规则；有议事规则；有管委会决策重大事项；有形象代言人；有宣传册；有宣传片；有公益广告；有年度的项目报告；有年度的审计报告；有项目的评估报告。在进行基金规划管理时，设立、筹资活动、资助管理活动都有严格的流程规定，这一流程基本上保证了专项基金管理的规范性。

第三，专项基金管理过程中需要处理的若干关系：第一，决策中的多方协作关系；第二，捐赠方主体与基金会法人主体之间的关系；第三，捐赠方的商业诉求与项目公益性的关系；第四，多方管控与自主效率的关系。

第四，关于专项基金管理过程中的一些问题分享。第一，活动报批的问题，具体包括报批环节多、时间长、审批意见多等；第二，费用标准的问题；第三，宣传品牌口径问题；第四，人员管理问题等。

最后，与大家分享几个风险点：第一，项目公益性的问题与商业性或其他目的性的冲突风险；第二，资金使用合法性风险；第三，资助公正性的风险。既然知道存在风险点，那么基金会的管控重点在何处，如何规避这些风险点？第一，要把所有的风险消灭在项目的立项之初，对项目设立要论证，是否符合基金会的宗旨；第二，落实集体决策，集体决策有利于多视角的发现项目风险点；第三，预决算风险最小化机制；第四，多部分多角度综合管控；第五，项目年度审计；第六，信息公开等。

杨培丹　中国青少年发展基金会

我个人总结我们的经验如下：

第一，充分发挥合作伙伴的行业优势和专业优势。具体来说，第一个是动员能力，比如说洲际的酒店网络，酒店行业通过慈善高尔夫、慈善马拉松这种将商业网络、客人的生活方式与公益相结合的这个模式，还有动员客人供应商来参与公益的这种能力，是要充分发挥出来的。还有邀请合作伙伴参与项目的设计，协助项目的执行。第二个是合作伙伴的传播能力，比如爱心衣橱，它借助合作伙伴的专业传播的能力，公益组织非常需要向专业团队学习传播。

第二，实践经验是归口管理。挂靠合作型的专项基金趋向于尽可能由我们新工厂协力中心来管理，我们有一位新工厂协力中心的理事也在做。

第三，培养公益人，通过专项基金这个平台能够使社会知名人士成为一个坚持的有影响力的公益人，能够成为公益组织的专职人员。

接下来我谈一下管理专项基金的一个办法。目前，这个办法还没通过秘书长办公会，但已经是实际操作中的参照标准。由于我们的专项基金没有独立的财务账户，只设置了一个专项财务科目，所以这个管理办法也叫公益合作项目的管理办法。具体包括：特点公益项目发起；签订合作项目捐赠协议等。中国青年发展基金会每年都会对合作项目作一个评估，评估是作为是否继续合作的参考依据。对于合作项目的管理，我们会要求设立一个项目执行委员会，由若干委员组成，由中国青基会指定，还要有双方共同指定的公益专家代表，在真实定岗中关于委员薪水比例的限制等。

回应我分享的主题，集聚影响力，我个人总结，第一，规范的管理专项基金和管理的项目，撬动公益行业资源，提高参与的广泛度；第二，多方协力，合作项目要专业化、组织化，增加服务的供给，创造就业；最后得到的效果是影响力叠加。

薛一心　北京春晖博爱儿童救助公益基金

我们的项目瞄准对象是 0~18 岁在福利体系中的孤儿。其中，0~3 岁是我们重要的项目，因为年龄段最小。3 岁以内是儿童大脑发育的关键周期，所以春晖妈妈也是春晖博爱关键且最先发展的项目。我们希望关注的是儿童能够在大脑发育前获得纠正，比如说发育迟缓，比如说自闭症，能够让他在 4~7 岁正常进入社区幼儿园。

关于 3~7 岁孩子，专门的项目是学前项目。项目主要融合了意大利和中国的教育体系，但完全是针对中国孩子的需要设计出来的，专门刺激孩子的自我学习，而且对老师们的要求是针对每个孩子的独特个性，帮助他们量身定做成长计划。

关于 7~18 岁的孩子也是同样的，春晖的职员为他们制定成长计划，试图帮助他们建立自尊心、自信心，也通过我们的培育可以让他们顺利地进入社会主流。

关于春晖家庭，重度残障的儿童几乎不可能被领养，但我们认为家庭环境下成长更有利于孩子的身心健康，因此春晖家庭项目指定一对夫妻带4个孩子，这4个孩子等于这个家庭的孩子，这个家庭会搬到福利院宿舍由我们统一管理。

除此之外，还有医疗关爱项目、春晖培训项目等。

基金会的老师根据科学依据，编制了一套教材，整套教材有3个中心思想：第一是回应式的教育哺育。主要是通过对儿童的观察，给其最需要的帮助。第二是感情依恋。第三就是精心准备刺激他学习，给他想自主学习的成长环境。

关于我们的管理与企业类似。在全国方面内共设置了6个项目，项目下设负责的项目主任，然后在省级有负责省的培训师，每个省还有一个示范院，示范院主要职能是教学的作用、标杆的作用。

李　萍　博源拓智公益咨询

关于如何考量项目效果。首先诠释什么是项目，项目是为了创造独特的产品、服务或者是成果而进行的一项临时性工作。它有三层含义：第一，待完成的任务；第二，有一定的组织机构；第三，有一个需要完成的目标。其次，要关注项目的周期。第一，是对需求的评估，是发现问题的阶段；第二，确定问题后如何解决问题，也就是项目计划和规划阶段；第三，确定项目计划后，如何去实施；第四，评估这个项目。在评估工作中我们会有更加细致的划分，比如项目是否直接达到效果，产生了什么样的影响，对人群、社会有什么作用。

具体看评估，是我们今天关注的重点问题。项目的评估是为项目制定未来策略的一个重要的环节。评估可以了解项目带来的变化，或者哪些过程、哪些因素造成变化；评估还可以分析项目的有效性和影响；评估还能分析项目的进展情况，是否可持续，或者可持续的点在什么地方。所以在评估时，经常会产生一些直接产出，根据我们设定的目标，会有哪些产出，即完成目标后更深层次意味着什么。

从以下几方面考察评估的目的或目标：第一，项目在实现具体目标方面取得的成绩；第二，项目工作是否高效，存在哪些问题和限制因素；第三，项目对受益人的影响是什么；第四，给出一些建议等等。

项目影响力如何评估呢？首先对项目的影响力进行定义，可以定义为给项目的这个目标的一个群体的生活以及他们生活的社区带来的持续显著的变化。所以说，影响它并不是一个干预，而是项目工作中长期的结果。那么这个影响力可能是预计到的，也可能是没预计到的；可能是正面的，也可能是负面的。

我们为什么要去评价它的社会影响力呢？目的是要让大家认识到我们所做的工作，或者这个项目的意义，然后我们跟大家分享这样的理解和认识。所以说对影响力的评估，就是希望能够有更多的人了解相关的内容。同时，我们要对所有的利益相关者更加负责，也关注我们如何改进我们的工作，我们这样做到底可以改变什么等等。

再说如何做项目的影响力评估。第一，所有的利益相关方，包括目标群体，他们是如何理解项目的，怎么参与项目的，这个项目对他们带来的变化是什么，这些意见非常有价值。第二，注重提问题的方式、提什么样的问题、节奏把握和身体语言等等。第三，关于指标问题，除了关注直接产出的指标，还要关注过程指标、影响指标等。第四，关注项目督导和监测。

第十七期　新《慈善法》背景下的基金会互联网公益筹款

基金会双月沙龙第十七期

时间：2016 年 4 月 8 日

主办：中国社会组织促进会
承办：中央财经大学教育基金会
协办：中国社会组织杂志

编者按： 本期沙龙以“新《慈善法》背景下的基金会互联网公益筹款”为题，借《中华人民共和国慈善法》（以下简称《慈善法》）出台这一契机，实现理论与现实的对接交流，在合规合法的前提下充分利用互联网提高筹款效率，为基金会的发展准确把脉。

中央财经大学教育基金会简介

中央财经大学教育基金会
Central University of Finance and Economics Education Foundation

中央财经大学教育基金会（简称为中财大教育基金会）是2009年8月经教育部和民政部审核、国务院正式批准成立的4A级非公募基金会。该基金会的宗旨是：遵守中华人民共和国宪法、法律、法规和国家政策，遵守社会道德风尚，致力于加强中央财经大学与国内外各界的联系和合作，促进中央财经大学教学、科研和各项事业的发展。

中央财经大学教育基金会具有独特的治理结构以及科学规范决策机制。基金会在建立之初就根据财团法人的特点，开创了去行政化的独特的治理结构。理事长由知名校友而非校领导担任，理事会成员分布于投资、税务、资产管理、教育、地产等多个行业，去行政化的专家型理事会架构在全国高校基金会中独树一帜。基金会设置了理事会、监事会和投资咨询委员会，专家治理，独立决策，层层审议，确保决策的科学性。此外，基金会还建立了理事会、监事会的日常沟通机制，以多种形式向各位理事、监事汇报基金会大事要事，帮助理事、监事实时掌握基金运作情况，及时提供决策建议。理事会严格按照基金会章程的规定，每年定期召开两次理事会会议，总结分析基金会发展现状和运营经验，也为基金会的未来发展谋篇布局，为基金会的发展注入了源头活力。同时，不定期召开审议表决相关重大事项的临时理事会会议，保障理事、监事对基金会重大事项的知晓和决策。为提高基金会投资决策的科学性、合法性和有效性，完善投资决策机制，加强风险管控，基金会充分发挥财经类高校的教师和校友资源优势，成立了专门的“投资咨询委员会”，实行了秘书处、投资咨询委员会和理事会的三层投资决策机制。

建会以来，基金会紧密围绕学校的发展战略和中心工作，秉承“汇聚财智、服务学校、奉献社会”的办会宗旨，秉持“筹好资，理好财，办好事，严管理，促发展”的工作理念，不断完善治理结构，健全规章制度，拓展筹资渠道，规范公益项目，筹资能力、运作能力和办会能力不断提升，捐赠收入、净资产规模均实现了较快增长，为中央财经大学的人才培养、教学科研、校园建设、文化建设等诸多方面提供了有力的资金支持。

基金会的原始基金数额为人民币 2000 万元，截至 2016 年 12 月 31 日，基金会的资产总额为 19311.15 万元，主要来源于校友和社会各界的自愿捐赠。

2009~2016 年，基金会筹集捐赠收入 20912.84 万元，获得投资收益 3131.95 万元，争取财政配比 17301.00 万元，其他收入 551.44 万元，各类渠道获得收入共计 41897.38 万元，对学校的教学科研、人才培养、实习就业、文化建设、校园建设等发挥着重要作用，日益成为支撑学校战略发展的重要力量。2017 年，中央财经大学教育基金会被中国高等教育学会教育基金工作研究分会授予“基金工作先进单位”称号，基金会秘书长安秀梅荣获“基金工作先进个人”称号。

梁 勇 中央财经大学

互联网思维的核心是分享、推动和创新。随着互联网技术的不断进步，基金会不仅利用互联网传播公益情怀和开展筹款活动，更重要的是互联网思维改变传统的公益思维方式，充分发挥互联网信息交互和价值交换高效便捷的优势，用变革式的手段促进慈善公益事业发展。

安秀梅　中央财经大学教育基金会

今天主要与大家分享两个层面的内容：第一，关于中国的慈善大法《慈善法》；第二，互联网是基金会公益筹款的重要方式。

关于中国的《慈善法》。首先从立法的过程看，从 2008 年纳入立法规划到 2016 年，经过了 8 年历程，在 2016 年两会期间高票通过。从基本模块看：第一，明确了立法宗旨和基本原则；第二，明确了慈善主体的权利和责任；第三，界定了慈善程序的运行规则；第四，规定了报告、监督相关事项；第五，对基本专业术语进行了技术性界定。板块简洁，形式优美，对中国慈善事业发展有深远的正面影响。

从立法宗旨和基本原则看，立法宗旨是法律的灵魂，《慈善法》开宗明义就提到了此法是为了发展慈善事业、弘扬慈善文化、规范慈善行为、保护慈善相关人员合法权益、促进社会进步，迎合了当前中国国家与社会发展的方向和战略重点，也高度契合了构建小康社会的要求。同时也说明了慈善事业在推动社会发展、社会进步方面是一股巨大的正能量。在《慈善法》中规定了慈善的基本原则，一个是公益原则，该原则包括两个方面：一是公共性，即慈善要面向全部或部分公众；二是强调效果，对公众具有明确的、积极的和可辨识的意义。公益原则是《慈善法》的核心原则。第二个原则是非营利性原则，强调慈善组织开展活动获得的收益不参加分配。

关于《慈善法》的亮点：第一，慈善主体界定更加清晰。如第八条规定，慈善组织是依法登记的，以开展慈善活动为宗旨的非营利性组织。对慈善组织界定了三个标准：（1）非营利性组织；（2）以慈善为宗旨；（3）形式可以是基金会、社团或社会服务机构。如此界定阐明了慈善组织的清晰概念。第二，明确慈善范围的界定，明确了慈善活动是自然人、法人等以捐赠财产、志愿服务等方式自愿开展的相关活动，如传统的扶贫助困、救灾等，还有医疗、卫生、教育等。亮点中的亮点，将环保、防治污染等列在慈善活动中。第三，对募集资质的界定十分清晰。第四，互联网公益募捐有十分明确的规定，具有公募资格的慈善组织，可以通过互联网进行募捐；不具备公募资格的，可以与拥有公募资格的组织合作开展募捐活动。第五，对慈善信托进行了明确规定，符合国家和社会发展趋势。第六，对于公益慈善的相关保障促进配套措施更加完善，包括税收、政府收费减免、使用公共财产等等。第七，信息公开成为关键，包括慈善组织应该向社会公众公开的相关规定。第八，明确了募捐的法律责任。第九，保护捐赠的法律有效性，如承诺捐款不兑现会面临法律规则。第十，加强公益慈善监督和管理有明确的责任规定，如信用记录制度、评估制度、行业规范等。综上，《慈善法》的出台是中国的公益慈善进入组织化、规范化、透明化、专业化快速发展轨道的重要保障，“四化”产生的积极影响：对捐赠者有更好的保障，对求助者而言更加有章可循，对志愿者有更大的鼓励，对欺诈者受到法律约束。

关于中央财经大学教育基金会在互联网公益筹款的实践经验，以“手牵手”公益助学项目为例，基本按照如下管理程序：首先制定了助学金的使用方式，制定申请助学金的条件，提出评审程序、时间，制定了相关的管理办法。捐赠方式采用“一对一”或“一对多”的定向捐赠模式。在活动开展期间，通过“智慧中财”微信群进行宣传，网站、微信平台、微信公众号进行三天密集推送，筹资总额约400万元。另外一个例子是中央财经大学一位校友的孩子患上了罕见疾病，需要200万元到美国接受治疗，我们利用的是“轻松筹”的平台，在所有的微信平台进行信息发布，30个小时内筹款420万元。同时，与北美校友会联系获得了美国的医疗资源。目前，孩子恢复状况良好。在筹款过程中，分工十分明确，信息十分公开，后续跟踪密切。

那么给我们的启示是移动互联网公益筹款是开展慈善筹款活动非常有效的方式。那么如何做到互联网筹款有效：第一，有一个引爆点。第二，有一个好方案，包括质朴温暖的倡议书、明晰的项目预算、详细的项目实施方案、严格有效的监督平台、公开透明的反馈平台、资金使用的结转平台等。第三，有一个好的平台，微信群、微信公众号、轻松筹平台等互联网平台十分重要。第四，信息裂变，互联网突破时间、地域裂变式传播力量巨大。第五，公开透明，包括账号公开、用途公开、过程公开、信息公开，便于监督和固定法律责任。

从实施过程看，在准备阶段方案的文字要简短、吸引人眼球；在策划阶段人特别关键，发起人应是有公信力的人，执行人要具有战斗力，监督人也十分重要；对人员、结果、资金全流程记录；在反馈阶段要公开透明，但要注意保护受助人、捐赠人的隐私。

金锦萍　北京大学

高校教育基金会是非公募基金会，按照现行基金会管理法规定，只要未公开向不特定公众募款，便属于灰色地带。《慈善法》颁布后，灰色地带逐渐消失。《慈善法》中对募捐分为两种情况：一种情况是公开募捐，法律还规定了公开募捐的方式；另外一种是定向募捐，从某种意义上理解称为内部募捐，它只能向理事、发起人及其会员募捐，但基金会是无会员的，所以便意味着仅能向理事和发起人募捐，范围十分狭窄，法条中存在一个“等”字，对于是“等内”还是“等外”，立法者意图是“等内”的。

高校基金会存在的问题是什么呢？高校基金会基本上都是非公募基金会，基金会运行得比较好有两个原因：一是将自己定位在非公募基金会上，因此强制公益支出的比例为8%即可；二是打公开募捐灰色地带的擦边球。因此，从某种意义上讲高校基金会在《慈善法》颁布后面临着重大的挑战，必须作出关于“公募”或“定向募捐”之选择。若选择定向募捐，筹资渠道极其狭窄，因此只能选择走公开募捐之路。但对于公募基金的规定（第六十条）强制性公益支出要占上一年收入的70%或者前三年平均收入的70%又使基金会面临难题。高校基金会运行多数是留本花息的，与国外大学相似，这一点将受到70%规定的限制。

关于“轻松筹”从严格意义上讲，它不能叫慈善募捐。在判断行为是否属于慈善募捐的时候，要判断是否因慈善目的，那么关于慈善目的与公益活动，公益的瞄准对象是对利益不特定社会公众的限制。因此，对于一个特定的个体发起募捐活动违背基金会的特性。那么个人需要求助怎么办？现在很多基金会在做大病治疗，基本上都是个案捐赠，基本上违背了公益基金会对公益的要求。

胡　俊　北京大学

北京大学基金会是非公募基金会，《慈善法》实施对于我们来说最大的挑战是抉择问题。以前基金会的筹款通过发放奖学金、建设等方式都支出了，拥有较少沉淀资本。美国的大学基金会有很多钱，而我们在这两年才有一些。在我们所做的定向捐赠中，将定向的特定捐赠人规定为北京大学校友和热爱北京大学教育事业的人群，模糊了公开和特定的边界。很多基金会都采取这样的做法，原因在于仅凭单薄的理事会成员是无法开展筹资活动的。

《慈善法》对于慈善事业的发展有极大的促进作用，也有很多机遇。中国传统乐善好施的行为基本都在扶贫济困、救灾等。而《慈善法》中传播了包括教育、医疗、卫生等大慈善的理念，突破了传统的慈善概念。北京大学发展好了，教育发展好了，也是慈善事业的发展，这是对高校基金会很大的机遇。

潘江雪　真爱梦想公益基金会

《慈善法》出台对于高校基金会和真爱梦想都存在着很大的挑战，更多的基金会会涌入这个行业，而慈善行业在中国是比较低效、传统、封闭的行业。《慈善法》出台后，会吸引原来基金会或慈善组织之外的人参与，这个行业面临被门口的野蛮人颠覆的情况，所以现在基金会的日子并不好过。

未来，基金会的关键在于转型。《慈善法》中存在一个重大的机遇——慈善信托。在国外，信托是一片巨大的海洋。那么为什么现在中国的捐赠或者说慈善信托仍然不多？原因在于中国的富人刚刚富起来，而且还活着。中产阶级需要活着看见分配资产的过程，而不是交给不认识的人进行处理。这一代人依靠自己的双手创造了大量的财富，他们一定会在活着的时候配置好自己的财富，因此慈善信托是一个非常大的领域，高校基金会应该针对这一领域进行深度思考。关于慈善信托或公益信托仍未出台相关法律，但可以确定的是两类机构可以作为受托人，一类是信托公司，另一类是慈善组织。未来，慈善组织认定将是重要的工作。

如何将基金会做好：第一，一个基金会想向理事会以外的人筹款的话，与其使命目标是否足够清晰、宏大有关；第二，围绕使命目标是否有匹配的服务和产品。上述条件存在的基础上，要发挥所有可用的社会资源，包括理事资源、志愿者资源等。互联网筹款未来是自然而然的事情，但是我们必须耐心等待。

黄　震　中央财经大学

《慈善法》第八十八条："广播、电视、报刊、互联网等媒体应当积极开展慈善公益宣传活动，普及慈善知识，传播慈善文化。"这是基于对当前互联网大环境已经形成，这是一个大变革的时代，我们必须适应环境的变化的理解上提出的。互联网已经成为了当前社会、经济、文化、慈善的基础设施。那么如何通过互联网做好公益宣传和公益活动呢？对于了解的人而言，是大机遇，而对于不了解的人，是大挑战。中央财经大学教育基金会所做的两个项目的比较成功，就是利用了互联网的平台。

《慈善法》第八十六条："国家为慈善事业提供金融政策支持，鼓励金融机构为慈善组织、慈善信托提供融资和结算等金融服务。"金融发展到目前一定程度，它在追求公益，如普惠金融。另外，还有人提出公益金融的概念。说明金融正在超越其自身，要实现道德情操，进入公益领域。懂金融、懂经济的可能是机遇，不懂的人是挑战。

公益需求是一直存在且不断发生的，捐赠需求也在增长，愿意做慈善的文化是十分强烈的，但是在慈善发生过程中信息匹配工作为何那么难，互联网在金融领域发生的作用目前同样发生于慈善领域。

重新梳理慈善需求面和供给面，原来的需求面和供给面出现了无法接洽的现象，用互联网的方式将信息不对称由低维向高维转变，做到信息的精准匹配。此时，改变了慈善的运作模式，不做资金池，而是转变为供给与需求的中介，可能会更加有效。

第十八期　《慈善法》全面解读及慈善事业管理体制的变革

基金会双月沙龙第十八期

时间：2016 年 6 月 22 日

主办：中国社会组织促进会
承办：中国友好和平发展基金会
协办：中国社会组织杂志

编者按：《慈善法》在我国现实环境将遇到的问题与挑战，法与规章制度的有效衔接成为突破《慈善法》实施困境的关键。本期沙龙以“《慈善法》全面解读及慈善事业管理体制的变革”为题，探索慈善事业管理事业变革的突破口。

中国友好和平发展基金会简介

中国友好和平发展基金会
CHINA FRIENDSHIP FOUNDATION FOR PEACE AND DEVELOPMENT

中国友好和平发展基金会是经中华人民共和国民政部批准登记的全国性4A级公募基金会，由中国人民对外友好协会创办并作为业务主管单位。1996年5月15日在北京正式成立。

工作宗旨：加强中国人民与世界各国人民之间的友好关系，推动国际合作，维护世界和平，促进共同发展。

基金来源：国内外友好组织、团体、企业、事业单位和友好人士的捐赠；开展公益募捐活动的收入；存入银行、非银行金融机构及投资获得的收益等。

基金用途：组织和资助中外民间友好交往、友城交流；组织和资助维护世界和平的活动与事业；对从事民间外交研究的机构、刊物、会议、活动提供资助；表彰和奖励为实现本基金会宗旨做出突出贡献的组织和个人；开展培训，为我国民间外交和现代化建设培养人才；开展与我国港、澳、台地区的交流与合作；为推动国际合作，开展咨询服务；支持我国经济、文化、教育、体育、医疗卫生、环境保护等事业的发展；助残帮困、扶贫救灾；资助和组织符合本基金会宗旨的其他活动。

主要工作：作为国内首家外事领域全国性公募基金会，充分发挥国内外资源优势，围绕“友好中国”“足球伴你成长”“文化促和平”“育英教育”“未来属于孩子”和“共同发展”六大计划，开展了一系列具有广泛影响力的中外民间友好交流活动。

马庆钰　中国社会组织促进会

当前，我国社会组织面临着发展的好机遇。中国共产党十八大以来，中央确定了我国社会组织发展的一系列的大政方针，先后出台了加强社会组织党的建设、改革社会组织管理制度、规范退离休领导干部在社团兼职、加强社会组织信用体系建设等一系列的政策文件。特别是十二届全国人大四次会议审议通过的《慈善法》和十二届全国人大常委会第二十次会议通过的《中华人民共和国境外非政府组织境内活动管理法》标志着社会领域立法取得了重要成果，往前走了很大的一步。对于促进社会组织改革和发展，加快形成现代社会组织的体制具有十分重要的意义。

以下是我对《慈善法》的一些看法：一是《慈善法》将有助于公益社会组织的登记和优惠税收改革举措的落地，为社会组织力量大发展提供新的动力；二是《慈善法》将对社会组织发展方向发挥重要的调节作用，它会成为优化社会组织结构，强化社会组织公益慈善功能的非常重要的杠杆；三是《慈善法》将率先撬动社会领域的供给侧改革，让社会组织在社会领域成为拉动公益经济和慈善就业的新增长级。

《慈善法》在 2016 年 9 月即将实施，与其相关的配套制度、设施需要作出一定调整，尤其是《基金会管理条例》《民办非企业单位登记管理暂行条例》，需要加紧与《慈善法》对接的步伐，若不能较好地接洽，《慈善法》中的部分功能或作用难以更好地发挥。两个配套制度正在修订，关于《民办非企业单位登记管理暂行条例》就被改成了社会服务机构的登记管理条例。以总则为例，存在部分位置摆放不恰当的内容，还有其他内容比较不妥的部分。以分支机构为例，相关规定分支机构的设置层次是否合理。分支机构设置是资源配置问题，原本禁止分支机构的设立，这意味着将组织锁定在特定区域内。目前，供给侧结构性改革，主张简政放权、激发社会活力与规定明显背道而驰。我们坚持将壁垒打开，组织既可以在登记地设立分支机构，也可以在非登记地设立分支机构，交由市场、竞争机制解决，让市场在资源配置中起决定性作用。又如业务主管单位改为业务指导单位可能更加恰当，这是经过许多人努力得出的结论。

李旭丹　民政部政策法规司

关于构建慈善事业发展法治化的新格局，分为三方面的内容：一是

《慈善法》提供了坚实的法治基础；二是《慈善法》提供了广阔的空间，法治基础可以说是一个平台或地基，空间实际上是为慈善事业的发展，为慈善活动的各个主题要素提供了一个大的舞台；三是《慈善法》实施面临很多压力与挑战。这种压力与挑战可能主要是对民政部门，但实际上对社会各界、业界、慈善组织和每一个参与慈善活动的个体可能都有压力与挑战。

《慈善法》是一个民主立法、科学立法、开门立法的典范。其确立经历了两次社会公开征求意见，两次全国人大常委会审议，六次全国人大法律委员会审议，六次大会主席团审议，最后大会表决高票通过。这仅是官方审议，实际上在 2015 年以来，各种征求意见、各种研究无法尽数。

《慈善法》一共 12 章、112 条，体量大，内容丰富，信息量大。从结构看，包括总则、慈善组织、慈善募捐、慈善捐赠、慈善信托、慈善财产、慈善服务、信息公开、促进措施、监督管理、法律责任和附则。我理解重点应该是慈善组织、慈善募捐和慈善捐赠，这是《慈善法》的基础和核心的三部分内容。慈善信托实际上是慈善活动的一种方式，慈善财产是对前面这几种开展慈善组织开展的募捐、捐赠、信托等收集到的财产的归集、管理和使用。慈善活动是指包括慈善组织在内的各个主体开展慈善活动的其他相关规定。同时，作为这次《慈善法》改革内容之一，专门引进了信息公开，这实际上是对慈善组织管理的措施，由政府原来单方面的监督管理，打造为政府监管、行业自律、组织自治、社会监督四位一体的管理机制，其中很重要的是加强事中事后监管，信息公开，利用社会公众媒体和舆论的影响，对我们的慈善组织和相关的活动进行监督。促进措施也是《慈善法》的一大亮点，经过立法机关和部门的共同努力，实际上在促进措施中，已经在立法技术上尽可能地优惠和完善了税收优惠的相关措施，以及国家在财政、土地、教育、文化等各方面的措施，实际上已经起到了很大的基础性作用。监督管理主要是明确和丰富了民政部门与其他相关主管部门在慈善事业中的执法监督等职能。法律责任实际上是对慈善活动各个主体相关的责任的一种规定，简单的包括行政责任、民事责任和刑事责任，还包括政府机关和公务员内部的行政管理责任等等。然后有总则、附则，总则提出一些立法目的、原则要求、相关精神；附则是对一些补充事项做出了明确或原则的要求。

《慈善法》的作用和地位，全国人民代表大会和民政部的领导在正式场合和正式文件里都有非常具体和明确的解读。关于《慈善法》的作用：一是社会领域的重要法律。二是慈善制度建设的基础性、综合性法律。这个理解是说《慈善法》不是一个单向或仅有慈善活动某一环节、某一要素做出的局部的、单向的法律，而是基础的、综合的、全面的、系统的法律规定，从《慈善法》的框架体系就可以看出。我理解《慈善法》第一次以法律的形式明确了慈善活动的各个要素和概念，比如说慈善组织和慈善活动、慈善募捐。三是《慈善法》全面调整和规范了慈善活动的各个主体和环节。慈善领域还有一部法律是大家都很熟悉的《中华人民共和国公益事业捐赠法》，它是当时为了解决华侨捐赠的问题，仅就捐赠这一个环节做出的一部很好的法律，至今也在使用，也是一部非常好的法律。但慈善法全面调整和系统规范，各个主体、各个环节，几乎没有遗漏。

法律主要调整的是法律关系，法律关系主要是权利义务关系。《慈善法》最大的作用是明确了慈善活动的各个参与方、当事人主体的权利义务和责任，从这个意义上说，用不准确的法律语言也可以说《慈善法》是慈善的基本法，也可以说是一个母法。后面会提到《慈善法》出台后，还有许多配套的法规规章，也可能会有很多再延伸的单元的法律。《慈善法》不仅仅是促进法，不光有原则的要求，有理念的推动，有道德方面的推广，还有登记许可具体管理制度的实实在在的规定。所以，它不仅是促进法，更是实体法，解决了现实中的制度问题。

关于《慈善法》提供了广阔的空间。为什么说提供了广阔空间，是因为《慈善法》解决了多年的理念问题，立法实际上是一个妥协的过程，不是一个能够让所有人都满意或者说一个完美无缺的法律。一方面它要照顾周全求得最大公约数，另一方面还要解决一些问题。《慈善法》并不是一部完美的法，但毫无疑问它是一部良法、善法。单从名称上就可以看出，多年来困扰着《慈善法》的立法有很多难题，比如名称，立法十年，争议十年。最早的时候，民政部门上报国务院的叫做《慈善事业促进法》，后来一度改为《慈善事业法》，后来改为《慈善法》，还有人提出慈善领域的立法应该以慈善组织为核心和灵魂，所以改为《慈善组织法》等等。历经各种争论，全国人大立法机关最后明确为现在的名称，所以名称不同，定位也不同。

从内容上来讲，《慈善法》的立法采取了大慈善的理念。所谓的大慈善基本上接近于现在法律里面规定的范围，以扶贫济困、扶老助残、救灾等传统民政领域工作为重点，涵盖教育、科学、文化、卫生、体育和环保等公益事业以及其他的可能下一步还会发展的领域。中慈善，曾经有一个提法是民政+公益事业的一小部分。同时还有小慈善，就是指民政部门起草的，只说民政的事，不要涉及别人的，就是扶老助残、扶贫济困，所以历史上有三种理念之争。基于对国情、社情以及慈善事业发展前景和空间的考虑，也考虑了国际慈善事业内容涵盖，最终选择了大慈善的概念。大慈善的理念起到了一种包容开放、兼容并蓄的理念，做好民政的领域及其他公益事业，以及未来有可能纳入到慈善事业范畴的新领域的相关事业有一些衔接，这样就为慈善事业发展提供了广阔的空间和舞台。所以，才有了所谓慈善事业发展的一座光辉的里程碑的这样一种评价。

关于《慈善法》实施面临很多压力和挑战。在《慈善法》立法过程中由于种种原因，在部分阶段存在停滞状态。由于全国人民代表大会立法机关十分重视《慈善法》的相关工作，希望加快进程。因此，民政部门通过大量的沟通协调，由全国人民代表大会直接牵头立法。在《慈善法》中，赋予了民政部门很多权力，包括增加了几个许可事项和其他管理职责。这实际并不是民政部本意，在立法过程中，民政部的相关部门并不主张多加许可、多设权力，而是希望有一个更加开放的法律。但立法机关则认为慈善事业发展的现阶段，仍有很多问题没有解决，因此需要民政部门在许可、管理、监督上承担更多的责任。

法的生命力不仅仅在于出台，更在于实施，因此《慈善法》面临的很大压力和挑战就是法律的实施。《慈善法》在实施过程中，存在许多重点和难点问题。民政部门主管慈善事业的职能源自于2008年国务院的三项规定，这次《慈善法》出台对职能进行了明确化、法定化，但有权有责。民政部门从上到下呈现倒金字塔状态，民政部民间组织管理局力量和素质较好，执法人员配备齐全，但越往下慈善组织登记管理则越集中在地、县一级。尽管中央比较重视社会组织登记管理工作，给民政部民间组织管理局增加了一定的编制和力量，但省一级、市一级和县一级能否在简政放权机构、机构编制，在此背景下实现的困难较大。队伍基本建设完毕，队伍的能力素质、执法经验、能力水平能否提高也是关键。除此之外，与其他部门协调、体制、机制等都是需要理顺的问题。

关于如何做好《慈善法》的实施工作。《慈善法》不是孤立的法律，它的有效实施要依赖于大量的同步、同位阶甚至是下位阶的法规规章和相关文件的配套实施。目前来看，如果要做好《慈善法》实施工作起码有这几个方面的内容：一是修订好社会组织三个条例及其他配套法规；二是做好职能分工，与其他部门做好协调工作等。

刘培峰　北京师范大学法学院

关于理解《慈善法》的问题。最初，我认为中国社会的发展问题关键在于社会组织不足，而并非环境问题。《慈善法》是一个组织法，有一定的配套措施，对于缓解社会组织在登记和发展中的困难具有一定的积极作用。

回顾《慈善法》立法，可以看出蕴含在其中的两种极化思维。第一方面，《慈善法》和正在起草的《民法总则》基本思路是培养社会的自主性和保护私人的权利，中国正在将改革开放的成果通过法律化这一路径巩固；另一方面，与《慈善法》同时制定的法律是《中华人民共和国境外非政府组织境内活动管理法》《中华人民共和国国家安全法》和《中华人民共和国网络安全法》，这一过程主要体现了国家对社会采取的高度控制主义思路，通过刑法、行政手段过度介入社会生活中。在此背景下要理解《慈善法》，将《慈善法》《基金会管理条例》《社会服务机构登记管理条例（征求意见稿）》置于统一框架内会发现，存在一定的控制主义。条例中的部分条款存在许多行政机关的自我赋权和自我授权内容，更细致一些的条例还包括对秘书长和副秘书长数量的规定。因此，可以看出一方面中国社会的法治化程度在提高；另一方面，中国的非法治化程度也在提高，权力表现出较大的任意性。

那么《慈善法》进步程度有多大？我认为可以用“行百里者半九十”来形容。《慈善法》虽看似不错，但在执行上的偏差可能会引起严重问题。为何有这样的说法？《慈善法》实际上是社会领域的基本法，对社会领域总体的法律提供了一个基本方向。在此背景下《慈善法》的立法实际上相当于修建了一条高速公路，但高速公路中间一段修通了而两端仍然是封闭的。

其中一端需要在宪法上对社会组织确立法律地位，对社会组织在公共事务中的参与地位作出明确规定。在《中华人民共和国民法典》的修订过程中，“总则”部分对社会组织的法律形式是如何确定的？目前采取的是按照意识形态法人划分标准，而并非依照传统的社团法人和财产法人。缺乏有效的财产法人制度可能会带来组织合法性错位的问题。

另外一端是关于“三个条例”的修订。《慈善法》中规定慈善组织是社会组织中的一个类型，按照三种形式进行社团、社会服务组织或是基金会服务进行登记。《慈善法》最重要的制度创新，比如大慈善的理念、直接登记的管理理念、放开公募理念，都是通过“三个条例”进行落实的。在《社会团体登记管理条例》和《社会服务机构登记管理条例》里，关于慈善它并没有在直接登记制度内，它已经远远比《慈善法》第三条的范围要狭窄。

关于《慈善法》将使社会组织的格局发生深刻变化。格局变化存在以下两个忧虑：第一，缺乏公民。当没有公民社会中的社会组织是什么样的组织，大概会变成人民社会中的体制性组织。第二，是伴随《中华人民共和国境外非政府组织境内活动管理法》可能会对中国的社会组织发展带来的负面影响。

还有一个问题，是否能和政府职能转变相联系。回顾全国性组织在脱钩的过程中，行政色彩有所淡化，但政治色彩逐步浓厚。中国改革开放的过程正是行政和政治逐步在人民生活中淡化的过程，我们拥有更多资助活动的空间和自由支配的资源，并在此背景下形成了民营经济和社会组织，中国社会取得巨大繁荣。因此，《慈善法》在立法、实施和执行过程中要避免政治过度介入，要结合当前政府职能转变的背景同步进行。

通过分析上面的问题我们发现《慈善法》在管理体制方面构造了一个非常好的慈善组织管理体制。从第十三条到十四条，讲的是自主治理；第十七条，讲的是慈善组织要成立行业性的自主治理；四十多条的时候开始讲信息公开和评估机制，也就是说社会治理，接着要讲的是诚信建设和政府管理，《慈善法》构建了一个以自主治理和社会选择为核心的慈善组织发展格局。那么条例上是如此执行的吗？总体而言，配套法规在修订过程中，都是用来规范社会组织的，但存在一定差异。差异主要在于：第一，登记条件的差异；第二，中间内部治理的差异；第三，其他管理方面差异，还有信息公开方面的差异等等。我们依旧采取分灶吃饭的机制，三个条例由三个处室修改，内部有许多表述不统一。再看“三个条例”和《慈善法》之间的关系。《慈善法》是“三个条例”所管的组织中的一小部分，因此对照《慈善法》修改“三个条例”存在逻辑问题。还有治理逻辑的问题，私法大量公法化、公权力过度介入等。还有一个是管理逻辑的问题，依法管理还是自我规定和自我授权。

最后，关于基金会怎么发展：第一，是要有新的竞争态势；第二，是要有分化的趋势，募用分离和社区基金会的发展。当然还有十分重要的一点，行政是按照科层制作的，社会自身是一个有机的格局。它最大的思路是以行政的区划性破坏社会的有机性，最终的结果是造成社会组织的零散化和碎片化，使整个社会没有办法以法律的形式来实现权利对社会的反制和对社会的控制，因为它已经不是一个发展手段，而是一个控制手段。

贾西津　清华大学

在中国，法的背后更重要的是法的条文会实施成什么样，以及它背后体现的政治意图和立法目的。《慈善法》自身是一个促进性的法律，尽管它不是一部促进法，但它的方向是要体现促进意图的。现在将其放到一个大环境中，会发现对社会组织更有回缩和控制性。在这样的背景下，《慈善法》于2016年9月1日执行，以及后期整个对慈善法条文的落实，包括哪几个条例的修订上，我认为可以抓住《慈善法》自身的这种促进性，也就是说在《慈善法》已经给出的促进性的条款，已经给出的开放性的、一些突破性的原则上，我们尽量要就这个原则，而不要往回缩。这将体现在“三个条例”的修订上，比如直接登记。包括慈善组织能够得到自治的空间，既然《慈善法》没有规定的东西我们可以添进去，《慈善法》已经有的东西，我们不要往回缩，基于这样一个立足点修订这三个条例。

稍微说一下基金会的条例，其实对基金会的慈善组织的属性我非常关心，包括很多非公募基金会。目前《基金会管理条例》指出，所有的基金会要明确它的慈善组织的属性，换言之要成为基金会，首先要符合《慈善法》对慈善组织的要求，这样会对很多基金会造成困扰。所以，我特别强烈建议在基金会条例中仍然保留非慈善组织的基金会这样一个空间，也就是社团、服务机构、基金会作为一种法律形式，适宜规定最基本的底线性，即法人治理原则。其他的如果被认定为慈善组织，《慈善法》已经做了规制，基于这样的原则看待条例和《慈善法》之间的关系，也许可以像国外，首先是法人治理，然后再有特权性的免税组织，慈善组织以后和免税组织对接，"三个条例"作为一个法人治理最基本的原则。

吴　明　中国社会福利基金会

第一，按照《中华人民共和国立法法》的规定，因为它是全国人民代表大会通过的，与常务委员会通过的层级不一样，它是第十二届全国人民代表大会第四次会议通过，这一背景比较高，相当于《中华人民共和国宪法》《中华人民共和国地方各级人民代表大会和地方各级人民政府组织法》《中华人民共和国刑法》的这一类法律的背景。

第二，《慈善法》出来后条例的修订。慈善组织和其他组织交叉比较厉害。基金会里有慈善基金会，社团里非慈善组织就有很多，像一些行业协会和联谊会。民非组织中也有慈善和非慈善的。在这种情况下，按照《慈善法》里授予国务院的权限，慈善组织的组织形式和具体的登记办法由国务院制定，这种情况下，直接做“慈善组织登记管理办法”可能比三个条例都动要好一些。如果把慈善组织的宗旨和特性写清楚的话，其他三个条例不做大的变动，只有一句话，需要登记为慈善组织的比照某个条例，这样可能比较好一点，这是对立法体例上的建议。

第三，关于业务主管单位，不但要看法律条文，还要看立法说明的部分。立法说明的部分，李建国副委员长在立法说明里强调的依据是直接登记，虽然没有写直接登记的话，但从这个条文和立法说明里面，立法原意应该是十八届三中全会的精神。所以，有业务主管单位这块要有也是一个过渡，但肯定不是一个长远的方向。

第四，关于专项基金，根据在专项基金工作一年多的时间感觉专项基金和分支机构肯定有区别。因为根据了解到的一些基金会的情况看，很多专项基金是基金会和捐赠方合作设立，他们的产生是依据合作协议，变更和注销都依据合作协议，它不是一个组织的内设机构。像我们基金会碰到十几起劳动争议，如果它是类似的机构，肯定要承担用人单位责任，但如果是合作协议，就分开承担责任，所以这一块对专项基金的研究看看怎么做。

第五，《慈善法》和新条例出来以后，一个趋势是募办分离的趋势，这是从 1999 年开始起草初稿，到 2004 年制定条例时，国际上就给过一个疑问。很多国家基金会不直接做项目，但中国基金会既募捐，又做项目，所以有过这个疑问。民政部发出募管分离的时候，《慈善法》又规定为基金会、社团和社会服务组织的时候，这块可能会产生募办分离。基金会集中的职能是募捐，但设计项目、发现项目和执行项目得向基金会申请资金，基金会监督做评估，基金会就是“民间财政部”这样的角色。

甘东宇　凯风公益基金会

先从《慈善法》讲，它解决了上位法的问题，它是一个根本性的法律，原来有条例，但现在有这样一个法律之后，有很多根基性的问题，我们就可以有法可依了，虽然这里面还有一些问题，但至少有了这样一个慈善大法，它解决了几个问题。第一是组织主体性的问题，把慈善公益主体性明确下来了，什么是慈善组织，什么不是慈善组织，这种主体性解决了。第二是边界性，它的定义原来很宽泛，公益和慈善一直在实务界争论，什么是公益，什么是慈善？有些叫做传统慈善，有些叫做现代慈善，包括美国 20 世纪初分的科学慈善等等，有不少这样的定义，但至少我们开始关注这样的问题，是否用法律把公益和慈善能够重新梳理。第三是解决了公开募捐的问题。过去我也在公募基金会和非公募的基金会工作过，这实际上是一直困扰的问题。那么谁有权，谁有资格，现在基本上有一个很好的基础。第四是公益信托的问题，慈善信托的问题。也许大家可能没有太注意这一点，但后面我会讲到《基金会管理条例》里，将来慈善信托和公益信托的立法，或者说条例出来以后会对基金会有一定的冲击。实际上现在已经有很多的非公募基金会的创始人在思考怎样做慈善信托，慈善信托更灵活，也会给他们更大的空间，相对于基金会来讲，可能会对基金会有一定的冲击，当然这只是一种可能性。

其实，《慈善法》没有特别强调社会组织或慈善组织在社会治理当中的地位问题，或者是在社会治理中描绘这一方面，但实际上这是一个比较原则性的问题，也许是出于目前的大环境，也许是出于目前这样一个情况，但我觉得从基金会条例来讲，至少在条例里可能要提出社会治理的概念，至少是一些描述，我觉得这应该用更长远的眼光看这个问题，而不应该回避这个原则性的问题，这可能是既务虚、又务实的问题。

还有几个比较实际的问题。一是基金会条例修改，可能要关注到灵活性，给基金会一定的空间，这是立法和条例制定时我们的一个建议。什么样的空间？就是给大家更灵活、更好实现基金会目标的空间，而不是绑住他的手脚。比如大家比较关注的8%的问题，比如大家比较关注的10%的问题。8%值得商榷，从目前的情况来看，任何一个投资年回报超过8%的东西，都是比较难的事情，美国定的是5%，它已经充分考虑到了投资回报率加上行政成本可能要达到7%~8%的情况，这不是一个核心的问题，而是一个技术问题。关于灵活性和空间性是指更实际的一些操作办法，比如我们考察美国基金会的时候发现，美国的有些条例相对坚持原则，又给予一定的灵活性。比如他们怎么处理8%的比例问题，他们会发现有些年是大年，有些年是小年。比如说，受灾比较多的年份，大家的支出就会突然间增加非常多，有的时候可能就是10%~20%的公益支出。但有时候小年项目没有那么多，支出就到不了8%，按照美国的规定是到不了5%，他们有些条例相对非常人性化，比如在一定的时机内，5年之内或10年之内平均达到5%就可以了，这一点我们可以参考，而不是说每年一定要达到8%，这是我们技术上的一个建议，也是给我们操作上更多的灵活性。

第二个比较实际的问题，站在立法者的角度，也是站在基金会行业的角度，我们先要关注国际性的问题。作为第二大经济体，中国发展到现在这样一个势头，中国基金会不仅仅要关注中国本土，还要关注怎么走出去的问题。所以，在基金会条例上，对这方面是否给予一些考虑和支持性的条款，鼓励有条件的基金会可以以二轨制、三轨制走出去，也体现中国这样一个大国的地位。像友好和平发展基金会就承担了这样一个作用，政府和国家对外有南海问题和诸多问题，但二轨怎么去做，实际上是很多基金会在做。所以，从立法的角度，尤其是从 10 年、20 年的角度来看，怎样推动基金会尤其是民间的基金会走出去的这样一种准备。

第三个问题是公益信托，这对基金会可能有一定的冲击，因为公益信托更灵活，公益信托虽然也像基金会一样财产转移了，但管理还是可以由其本人管理。相对于基金会来讲，财产转移出去了，管理权应该是转移出去了，制度应该是完全公开的；但公益信托有可能还要自己来，这当然是参考国外的一个做法，将来立法是什么样的并不知道，但如果按照国外的这样一种方式，比如像遗赠的这种方式更加灵活、空间更大，我们已经看到和听到不少非公募基金会的创始人更多地希望把钱放开后，放到公益的慈善信托里，这块对基金会有一些冲击。

廖 鸿 民政部民间组织管理局

首先，社会各界对《慈善法》及几个条例都给予了充分的关注，大部分提出的意见和建议基本上都被法律法规吸收了。

关于登记的问题，无论从《慈善法》还是条例而言，均不是特别大的问题。只要从两级放到四级，从中央、省两级放到地市县，就有利于缓解这个问题。只要想登记、资金到位，问题则不大。

关于内部治理问题，我认为内部治理还要遵循其规律。从“三个条例”看，基金会内部治理规定和条款多，但体会是基金会内部治理管得最好。基金会由于起点高、站位高，发展也快。与基金会原来的条例相比，对内部治理作出更加严格的规定是有好处的。因此，对于内部治理的规定，越细化、严格，加强作用越大。以理事会选举产生为例，谁当理事会成员，理事会缺位谁来补，理事会需要有所规定。若像社团一样，由会员代表大会产生理事，那么谁是会员代表？目前，这是个无解的问题。类似这样的问题都很多，不能搞一刀切，要一步一步进行下去。

关于优惠政策，这个条例可能无法解决。条例是十分概括性的，而《慈善法》非常详细，从税收到购买服务到土地再到金融支持，只能靠各相关部门独立完成。

最近我们做了两个事情：一是国外捐赠的关税和增值税；二是股权捐赠。曹德旺先生捐款35亿元，未来可能面临5亿的税收，缓交5年到期后怎么办？要协同民政、财政、税务反复协商，上报国务院，作出了适应的决定。

第十九期　《慈善法》放开公募资格后的机遇与挑战

基金会双月沙龙第十九期

时间：2016 年 9 月 6 日

主办：中国社会组织促进会
承办：北京海鹰脊柱健康公益基金会
协办：中国社会组织杂志

编者按：关于《慈善法》放开公开募捐资格的规定，对以基金会为载体的公益慈善组织开展募捐活动具有重要意义。本期沙龙围绕“《慈善法》放开公募资格后的机遇与挑战”为题，围绕基金会实际募捐工作，就慈善组织如何善用公募资格开展募捐的话题进行研讨。

北京海鹰脊柱健康公益基金会简介

北京海鹰脊柱健康公益基金会成立于2011年，是在北京市民政局登记注册的非公募基金会，是目前唯一直接开展脊柱病相关的工作慈善机构。基金会以“发扬人道主义精神，弘扬中华民族扶危济困传统美德，促进全民健康发展”为宗旨。主要开展脊柱贫病患者医学救助和骨科医生培训项目。该基金会为4A级基金会和北京市民政局先进集体。基金会“脊柱贫病救助公益示范项目”连续3年被民政部指定为“中央财政政府购买项目”。2014年底通过《财经》杂志主办的中国首届公益论坛获得“公益行动奖”得以获得策略投资的技术和资金帮扶，开展慈善救助事业。

2006~2016年年底，北京海鹰脊柱健康公益基金会共完成义诊救助脊柱病患2000余例，培训基层医生150人次，70余位重症患者接受手术后得以康复并彻底改变他们的人生轨迹；十余位欠发达地区的骨科医生成长为学科带头人。

5年间基金会专家的足迹遍布祖国西部、中部贫困地区。在青海玉树地震灾区、四川阿坝泥石流救援现场、山西吕梁大山深处、内蒙古草原腹地、宁夏宁南固安回族聚居区、云南边陲、大凉山彝族村寨，都有基金会医学专家、志愿者跋山涉水、全力施救的身影。数十名脊柱外伤少数民族兄弟获救，其中重症接受基金会专家手术救助得以免于瘫痪的藏族同胞 3 人、羌族 1 人、回族 2 人、彝族 1 人。

朱锡生　中国儿童少年基金会

放开公募资格是《慈善法》的一个亮点，也是慈善法立法过程中社会讨论最为热烈的话题，原来体制中慈善公募资格有严格的分类许可，《慈善法》取消了组织形式上的公募、非公募之分，而为所有慈善组织的公募资格提供了条件许可制，即满足一定的年限条件，行政主管部门应该准予公开募捐资格。有些慈善组织的公募资格是法律行政法规直接规定的，这些组织天生具有优势；其他慈善组织依法登记满足两年，即可申请公募资格，如果这些组织内部治理结构健全、运作规范即发放公开募集资格，如果不符合应该说明理由。公募权的放开实际上释放了更多的慈善空间，更加释放民间组织的活力和创造力。下面我将围绕三个方面讨论：一是为什么放开公募权；二是放开公募权会带来什么；三是我们如何拥抱公募共享新时代。

第一，为什么放开公募权？近年来随着公民财富不断增长、慈善组织不断成熟、慈善法律法规政策不断完善、社会公众慈善意识不断增强、新技术的发展应用，慈善事业得以蓬勃发展。从慈善市场培育、公益实践、信息技术的推动来看，公募权的放开是慈善事业发展的一个必然趋势，是从十月怀胎到临产。

首先，从市场培育看，公众参与慈善逐步走向成熟，改革开放40年，整个社会财富积累为慈善事业发展提供很好的物质保障。中国成为第二大经济体，国民收入有了大幅增长为民间互帮互助提供了基础支持，像四川地震、玉树地震等特大自然灾害把慈善组织推到公众面前，公众对慈善组织有了更为全面的了解，大家知道可以通过慈善组织实现自己的善心义举。“5·12”四川地震发生后第一次出现社会公众捐款超过企业捐款，这也是公众捐赠巨大能量首次爆发，许多基金会也开发了许多适合公众参与、捐赠额度低、捐赠者和受赠者可以直接沟通、指向性强、受益群体明确的慈善项目。

然后，从公益实践方面看，公募权的托管与共享实际一直在推进中，公募基金会可能带来的公募资源，让更多公众参与到项目中来，成为非公募基金会转型公募基金会的动力。近几年包括非公募的社会组织寻求公募资格的获取，上海、广州相继出台的政策也为突破公募非公募界限的壁垒、释放民间组织活力，提供了强有力的政策支持。一些优秀的民间机构借助联劝平台进行劝募，公募基金会早已有拿出公募权分享的先例——即专项基金。

最后，从资本技术方面看为捐赠人的捐赠实现无线连接，通讯技术、网络平台已经成为慈善发展的主要推动力，传统的捐赠模式需要捐赠者到邮局、银行才可以实现自己的捐赠行为。互联网提供了超大规模的全国汇集通路，甚至境外的捐赠全国零散善款迅速汇集到同一个慈善理念，集中提供到需要的地方去。新浪微公益、腾讯微公益、支付宝，2014年三大募捐平台共募集总额1.28亿，通过移动客户端捐赠占总人数的68%，99公益日、72小时、2718个项目上线对公募权放开的演练准备，互联网募捐平台对公募非公募基金会界限已经模糊了。

第二，关于公募权放开是机遇还是挑战。我认为机遇挑战是共生共存的，要看机构本身的内在情况来讨论是机遇还是挑战。(1) 竞争和优胜劣汰是必然的，去年年底全国社会团体已经达到 65.8 万个，其中公益组织 32.6 万，基金会 4719 个，大基金会在减少，社区的基金会社会组织在增加，小而优秀的基金会发展必将成为未来发展趋势。(2) 合作与共享是趋势。合作才能互利互赢，慈善组织要借助外部力量，实现合作融合，横向联合与探讨，对行业和组织的发展有重要意义。(3) 互联网众筹成为公募必争之地。从捐赠来源和总量看，企业一直是捐赠的主力军，全国约 70% 的捐赠来自于企业，而约有 20%源于个人，这与美国捐赠 70%来源于个人是有所差异的。2015 年腾讯公益平台年度捐款总额超过 5 亿，是过去 8 年平台捐款总额的 2.5 倍，累计捐赠人次 2000 万，90%来自于移动端。互联网技术和互联网资源将 3 亿用户、7.1 亿网民、5.9 亿手机网民转化为潜在的捐赠者和公益活动参与者。各类平台庞大的潜在捐赠者转化潜能使得互联网众筹成为了必争之地。

第三，如何拥抱公募共享新时代。慈善是参与共享经济的重要机制，对于释放民间组织活力，促进行业发展无疑十分有利。如何拥抱这个新时代呢，如此多的资源应该如何开发与利用？首先需要苦练内功，以儿基会为例，主要是在内部治理上着力。目前，建立了较为科学的内部审查体制，以项目为管理单位有专人对项目进行事前审查，内部跟踪检查与第三方评价结合，主动披露相关信息，向捐赠者反馈的信息机制等。其次，公益性和公信力是根本。近年来，公众捐赠日趋理性化，选择捐赠考虑的因素很多，因此公益性和公信力十分重要。再次，不忘初心，坚持受益人需求导向。公益与社会发展、经济正在发展融合，价值观、工艺品牌设计、考虑受益人需求显得十分关键。最后，筹款与筹人。每一次筹款都是良好的交流和沟通，得民心者得天下。

刘洲鸿 南都公益基金会

2014年，我曾经撰写过一篇文章，要打破公益组织的公募资源，核心观点是要打破垄断，对公益组织的资源让市场来配置，做到优胜劣汰。《慈善法》对非公募组织有条件地放开公募资格是个较大的进步，有利于打破“公募机构非公募，非公募机构公募”的奇怪现象。公募资格放开对基金会有何影响呢？我们要结合一下背景：（1）公募资格开放；（2）慈善组织登记便利化；（3）中小型基金会增多；（4）《慈善法》规定慈善组织不能摊派或变相摊派；（5）税收优惠普惠社会服务机构；（6）经济下行，捐赠动力不足。

对于基金会来说有什么影响呢？对于私人或企业注资的基金不会有太大的影响，因为他们本身想将自己的钱花好，没有固定资金来源的基金会，以往要变相公募或共享公募权。现在可以正常地公募了；对于公募基金会的影响比较大，税收优惠优势、合作优势逐渐消失，挑战比较大。

如何缓解负面影响呢？第一，作为企业、个人做捐赠的中介；第二，能力提升；第三，扬长避短，在组织协调、社会资源方面发挥优势；第四，要有专业性和品牌；第五，为个人捐赠服务；第六，开拓慈善信托方向等；第七，替慈善组织管理资金；第八，利用优势搭建平台；第九，公私募基金会互助。

杨　团　中国社会科学院政策研究中心

现在面临的挑战是：第一，从中央到地方民政部门面临的挑战，同时县级操作层面仍然有大问题，在实践中需要完善和修正的问题有很多；第二，对带着中国字头的组织，这类组织一般都有公募权，过去拥有公募权的组织很少，但现在放开公募权及登记后，公众按照自己的意愿，依据规则参与募捐，新方式的出现消耗了原本公募机构的先机、优势和网络。

《慈善法》在中国经济结构、社会结构共同变化的背景下提出，中国的公益慈善也在不断地发展，扩展到世界，与国家战略相结合，更有前景和前途。尽管面临的挑战很多，但是机遇也很多。

沈东亮 国家社会组织管理局基金会管理处

《慈善法》制定过程中慈善组织未来的发展态势，或者政府的管理理念也在逐渐清晰明朗。关于公开募捐资格，在《慈善法》生效前国务院颁布的三个条例只是赋予了公募基金会天然的公募权限，其他的社会团体不具有这一权限，除极少数外。《慈善法》的颁布应该说是打破了这个垄断，开放给有志于从事这方面工作的单位，当然这需要满足一定的条件，我个人认为这对非公募机构来说也是有要求的，与权利和义务对等，对内部治理结构、公众要求等比较严格。获得公开募捐资格后的监管要求要远远大于非公募基金会，且信息披露要求也显著严格于非公募基金会。因此，申请公开募捐资格是机会和挑战并存的事情。

张雁华　中国残疾人福利基金会

很荣幸，9 月 2 日中国残疾人福利基金会成为了获得双证的第一家，我们认为挑战大于机遇。简单说一下我们面临的挑战：第一，我们基金会政府色彩比较浓，32 年历史里有 20 年承担着政府的部分职能，执行公益项目也依靠残联的组织体系；第二，我们改革的步伐比较滞后，没有跟上步伐，与其他基金会差距较大；第三，在筹集资金上压力比较大，目前大多数捐款来源于企业，但面临着被截流的风险。当然，我们也存在着一些机遇：第一，国家重视残疾人事业，关注和关爱残疾人；第二，32 年积累下的工作网络；第三，中字头基金会处于比较高的平台。未来要做的是积累、创新、合作。

刘正琛　北京新阳光慈善基金会

《慈善法》出台是国内十分重要的实践，三年前我们获得了公募证书，但获得公募资格和做得好是两个概念。分享一下对能力的理解：一是关于筹款能力，可以分为市场营销、公关、设计、销售管理能力等；二是项目管理能力，关于问题调研、目标和服务技术和执行等能力，还有一个重要的能力是将受益人转化为捐款人；三是推动政策变化的能力。

来　超　西部阳光发展基金会

第一，公募本身是机构可持续发展的基础，企业在经济危机的压力下捐赠能力逐步缩水，公众将成为参与募捐的重要力量。第二，工匠精神很重要。将项目做好，公募过程中细致文案，写出来的东西有真实性和可操作性。

第二十期　慈善财产的管理使用及慈善信托

基金会双月沙龙第二十期

时间：2016 年 12 月 15 日

主办：中国社会组织促进会
承办：中国儿童少年基金会
协办：中国社会组织杂志

编者按：慈善财产的管理使用是慈善组织的关键问题，发展慈善信托是我国慈善事业的新趋势。本期沙龙依托《慈善法》，紧紧围绕“慈善财产的管理使用及慈善信托”这一主题，采取解读、交流、对话等形式，进行具体、深入、细致的沟通与交流。

中国儿童少年基金会简介

中国儿童少年基金会

CHINA CHILDREN AND TEENAGERS'FUND

中国儿童少年基金会（以下简称中国儿基会）成立于1981年7月28日，是新中国成立后的第一家国家级公募基金会，隶属于全国妇联，在中国基金会序列中，被民政部评定为最高等级——5A级。康克清、陈慕华、顾秀莲、陈至立同志先后担任中国儿基会理事长（会长），现任理事长为全国妇联党组书记、副主席、书记处第一书记宋秀岩。彭丽媛同志担任中国儿童少年基金会春蕾计划促进女童教育特使。

中国儿基会的宗旨是：抚育、培养、教育儿童少年，辅助国家发展儿童少年教育福利事业。春蕾计划、安康计划、儿童快乐家园、HELLO小孩是中国儿基会培育出的四大公益品牌。

1989年，中国儿基会推出并实施了旨在救助我国贫困地区女童的公益项目——春蕾计划。目前春蕾计划已经培育成为促进儿童发展的著名公益品牌。2000年，为呼吁全社会给孩子们提供安全健康成长的良好社会环境，中国儿基会又推出了“中国儿童安全健康成长计划”大型公益项目，简称安康计划，主要在儿童安全、儿童健康与救助等方面提供帮扶。2014年，由全国妇联与中国儿基会共同推出“儿童快乐家园”项目，目标是解决农村留守儿童由于长期分离，在生活照顾、亲情关爱、安全保护、心理健康等方面的问题。

2015 年，“HELLO 小孩”项目成立。通过爱心套餐的形式为贫困弱势儿童和受灾害影响的儿童送去社会各界的关爱和问候。

中国儿基会始终不忘初心，坚守着一代又一代人薪火相传的爱与信念！缔造着一个又一个大手牵小手的温暖和奇迹！我们期待与您持续并肩携手，托起一个个孩子的梦想，托起一个民族的美好未来。

黎颖露　中国公益研究院慈善法律研究中心

慈善财产的管理和使用涵盖的范围较广，《慈善法》对慈善财产的来源、慈善财产的类型、慈善财产到底在存续过程中应该怎样保值增值，包括最后怎样使用，怎样分配到受益人手中都有所规范。

首先，我们对慈善信托的一些概念进行厘清。第一，关于慈善财产和慈善信托的财产。根据《慈善法》规定，慈善财产专指慈善组织的财产，在关于慈善财产这一章中主要是规范慈善组织的财产管理、运用方面的行为，因此这里所说的慈善信托的财产与慈善财产是有所区别的。在实际操作中，慈善组织作为慈善信托的受托人，与慈善组织设立专项基金的本质区别在哪？我认为它根本的区别在于财产性质不同，法律关系的基础也有所不同。专项基金本质上是依据捐赠的法律关系所获得的一笔财产。虽说专项基金在使用上有一定独立性，但它毕竟属于基金会固有财产，因此它适用《慈善法》中“慈善财产”的相关规定，包括慈善组织、年度支出、管理费用等。而慈善信托的财产是不同的，慈善信托的财产管理使用规则适用的法律上的依据，除《慈善法》外，还有关于备案的相关规定，里面涉及相关的财产使用规范，基本上是尊重当事人的自治。

关于慈善财产增值保值和慈善信托的关系。最初，许多关于慈善信托的理解都局限在其是慈善保值增值的手段，还认为慈善信托是法律规定的慈善组织专属的增值保值方式，原因是它具有安全、刚性兑付、收益率相对较高的特点，综合看上去符合所倡导的“合法、安全、有效”的增值保值方针。但是我要说的是慈善信托和慈善财产的保值增值本质上是两回事，慈善信托并不一定包含增值保值的内容，慈善信托本质上是和慈善组织相并列的从事慈善的方式，只不过它不以组织形态出现，不是法人，而且它的相关运行规则更灵活。因此，在《慈善法》慈善组织外又增加了慈善信托一章，目的是更好地彰显信托这一形式在慈善事业中的独特作用。它的本质是做慈善，而不是帮慈善组织做增值保值。目前，流行的观点是信托是打开金融的大门，这缘于信托公司作为一个经营机构被纳入受托人行列中，由于其属性和管理资产的能力，加之其背后有好的金融资源，因此慈善信托将金融资源和金融大门打开，但这与慈善信托是保值增值方式和金融工具的说法还是有所区别的。

关于保值增值的内容。依然以《慈善法》作为主线，《慈善法》规定的增值保值基本原则是“安全、合法、有效”，这一原则是从《基金会管理条例》中延续出来的。关于“安全”两个字的理解大家有很多疑惑，是结果安全、过程安全，又或是其他更多的安全，这是第一个疑问。第二个疑问，安全是整体性概念，还是从单向投资考察，关于程序性的规范问题。重大投资方案应当经决策机构组成人员三分之二以上同意，包括重大投资方案的界定应该由章程明确，需要后续细则进一步明晰。目前关于增值保值从释义或实践活动看，基本分为基本保值行为和增值行为。基本保值行为指一般的银行存款和国债，增值行为划分为主动投资增值行为和被动投资增值行为，更进一步细分包括有接受股权、房产、捐赠等。关于委托投资，目前提到委托投资必须委托银行等金融机构进行，但在操作过程中，大家并不了解委托投资到底如何界定，是将部分财产委托给金融机构进行资产配置，还是直接购买产品等等的疑问。

关于利益回避原则问题。《慈善法》中提到慈善组织的负责人、工作人员不得在慈善组织投资的企业中兼职或领取报酬，目前对兼职的界定并不清晰。从官方释义看兼职排除了企业股东和理事。业界人士认为，这一立法的目的在于防范慈善组织的资产被变相分配，在所投资的企业中担任股东和董事可以完全做到这一点，并不能很好地诠释立法意图。因此，在实践中如何操作又是一个疑问。除此之外，对于下设经营性实体会不会在细则中有更细的规定，这也是值得关注的一方面。

关于明确的界定安全的标准。安全的边界若能清晰，保值增值行为更加放心，尽管有六字方针，但并没有太多的约束，只有明确安全的定义，才能明确未来的方向。

关于细化投资，设立经营性实体的规范和明晰决策责任。在《基金会管理条例》中有一点，参与投资决策的理事，由于决策失当导致的投资损失，要承担相应的赔偿责任。现在较多的提法是投资损失，而对决策失当比较少见。因此要明确投资和决策的相关责任。

避免针对具体的投向做过多的限制，也是考虑到希望更加尊重基金会等慈善组织的自主权，不希望公权力进行过多干涉。

上官利青　长安信托公益信托工作室

关于现在慈善需求在何处。目前，中国财富进入传承期，经济在高速

发展，人们积累了很多财富。在此背景下，家族传承需求凸显，但慈善需求相对比较小。

随着传承时代的来临，这些人的公益需求也发生变化。在企业创富时代，其资金更多地用于工业发展，长期、可持续的捐赠更多地关注公益效应。而在财富传承阶段，他们希望构建出可持续公益，一次性或在有生之年内将资金和财富贡献社会，希望用财富能够在保本或用收益来做可持续公益，也希望家族成员能够很好地参与到公益中。在这样的背景下，基金会的管理制度存在以下瓶颈和障碍：第一，留本问题；第二，基金会保值增值问题；第三，税收优惠的问题；第四，股权捐赠问题等。

那么如何用新的慈善信托模式和法律法规与传统组织相结合解决问题？2001 年《中华人民共和国信托法》中就有公益信托的相关规定，但发展并不顺畅，其中一个障碍是公益信托需要经公益事业管理机构批准设立，但对于公益事业管理机构指向并不明确。因此，公益信托长期处于停滞状态。《慈善法》中有一个重大突破，将公益信托从事前审批制（缺乏审批主体）变为事后备案制（备案主体是民政部门）。慈善信托相较于基金会而言，优势在于更加便捷，原因在于采取了事后备案制。慈善信托有两类受托人：信托公司和慈善组织。近年来，信托公司保值增值能力较强，其劣势在于匹配的税收制度还未出台，募集方式不明确，存在一定障碍，受托人在做慈善项目的运作经验比较缺乏等。

如何结合基金会和慈善信托的优劣势以解决捐赠人需求问题？大致提出三种模式：第一，信托前置模式；第二，基金前置模式；第三，类慈善信托模式。

关于慈善信托的机遇。未来，慈善信托在家族慈善中扮演十分重要的角色，要抓住中国“富一代”传承期的机遇，将更多的资金与较好的机制相结合支持慈善事业。它面临着家族慈善大额捐赠和股权捐赠的机遇。其挑战在于匹配的税收制度、登记制度并不完善等。

卢德之　华民慈善基金会

慈善没有秘密。慈善本质上为了一个行善的目的，如何捐钱、花钱、挣钱均没有任何秘密。要把钱花好，将每个环节都公开透明，像装在玻璃瓶中一样毫无悬念。

但是，关于如何筹资还是有秘密的。第一，募集资金；第二，捐款；第三，如何挣钱，都是有秘密有技术的。如何挣钱，是存在周期性、规律性的；更重要的是有大势头，人不能与天斗，天意难违。

目前，我们所处的时代是三层叠加时代：

第一是资本的时代。资本既是好东西，也是坏东西。资本经历了几百年的发展，使人类社会赢得了巨大的进步和社会财富，但资本又给人类社会带来了一定的负面影响，体现为贫富差距。当贫富差距达到某个程度，又不能革命时就只能投票。

第二是人类社会走向共享的时代。由于人类面临的问题基本相同，贸易保守主义、反贫困、环境问题、核武器、艾滋病等，无论哪个国家、民族或人群都不能独立解决，需要全世界人民联手。因此，需要大家找到一个共同目标，这个目标就是共享，相向而行。

第三是实现共享或共享治理资本的时代。比尔盖茨有一个理论是慈善资本主义，他认为人的本性中存在利己利他两面，资本主义放大了利己一面，利他就需要社会保障、政府来解决。所以他认为应该设计一种制度，同时能兼顾利己和利他，比如影响投资、公益等都与此有关，都纳入了比尔盖茨的慈善资本主义体系。然而，托马斯皮凯蒂则认为必须遏制资本恶的一面，因此他认为要对富人进行高额的扩税，对全球富人统一扩税，这是难以实现的。

我认为中国的文化要发挥作用。人们既把资本善的一面发扬光大，也要把它恶的一面进行遏止，甚至要做到不仅扬善抑恶，还要转恶为善。怎么做？给资本设立目标——共享。有人与人之间的共享、有国内共享、有国际共享，对资本要进行系统的治理。

最近，我经常提一个概念——21 世纪慈善。20 世纪慈善以美国为代表的现代慈善，从法制化、制度化和公开化的角度发展，主要包括家庭基金会、公益信托、社区基金会和老百姓慈善等，以上慈善事业具有里程碑式意义。在这个共享时代，共享又是中国文化中最重要的基因，可以说共享理念是中华民族对人类文明的重大更新，我觉得此时提出 21 世纪慈善十分必要。

21 世纪慈善，是以人类发展为目标，以资本共享为价值观，它凝聚了政治、经济、文化、社会各个方面的交汇点，人人参与、人人受益的这样一种新的形态。

在 21 世纪慈善背景下，慈善资本要钱，钱从哪里来，钱怎么发展？一是募资，一是捐钱，还有慈善基金自身的保值增值。所以，慈善信托确确实实是一个最好的配套性的工具。这其中还存在许多问题，包括人才问题、制度问题、观念问题等等。目前，我们挣钱的能力很弱，提高挣钱能力需要多元化。

马　昕　民政部民间组织管理局基金会管理处

关于慈善财产的管理使用及慈善信托，这是关系到慈善组织最重要的一个问题，它甚至超过了内部治理和社会绩效。

关于财产，到底涉及哪几方面的问题，大致分为三点：

第一，财产的管理使用最基本的是保管和保全。目前普遍的观点认为，无论捐赠来源于何处，捐赠进入慈善后便属于公众。因此，捐赠的保全、保管问题十分重要。这里所说的捐赠包括先进、货币等流动性较强的资产，也包括非货币、流动性较弱的资产，包括物资、股权、房产等。2012 年出台的《关于规范基金会行为的若干规定（试行）》（以下简称《规定》）中对资产保管提出了一些要求，《慈善法》也存在部分明确体现。但目前看来，这方面具体政策仍然不足，原因在于财产类型众多，对应的财产管理要求各异。

第二，保值增值。保值增值实际上是如何投资的问题。在《规定》中，存在部分与基金会条例相比更加细化的规定。如委托投资，要通过具有金融资质的公司进行，那么什么是金融资质？应是具有证监会、保监会、银监会发放的牌照。目前，更多的细化规定正在调研，需要大家更多的建议和支持。

第三，一个衍生的问题。民政部指定了 13 家网络公开募捐的信息平台，那么公开募捐的信息平台同公开募捐的服务、管理平台是一回事还是两回事，有什么差别？如果是两回事，提供公开募捐管理的平台上就有资金的问题了，可能要帮着收钱和花钱的问题，这是我们要研究考虑的，但我们现在真的没有太多的经验。

涉及这几个方面，我们都感觉是很重要的问题。商业和公益慈善的边界到底在哪里？现在这个阶段，这一两年来这个问题非常严重。在经济下滑的时候，挣钱不容易的时候，商业对公益慈善的影响比较大。一是慈善组织本身保值增值的困难，不只是慈善组织困难，各种服务机构也困难了，大家都很困难；二是经济下滑，慈善的需求就增加了，不只是刚性或者物质的需求，和慈善相关的精神上的需求也增加了。同时人们互助的愿望也增加了。为什么这么说？像罗尔事件是一个典型案例。为什么最初我们特别愿意给罗尔捐钱，很多中产或者还没有达到中产的人可能自己会想到，如果我是罗尔的话，头一天我还有一个幸福平安的家庭，第二天遇到了困难，可能就抵御不了这种风险，很多人捐钱都是抱着这种动机的，所以滚雪球式地捐了那么多钱。因此，在经济下行的阶段，大家处于个人安全感和社会安全感交织在一起的综合性因素的压力之下，捐赠是增长还是下降存在不确定性，但整体制度上的维护是很重要的，我们应该去保护大家互相帮助的这种善举善行。

窦瑞刚　腾讯公益基金会

关于慈善信托和公益信托到底有什么关系？首先回头看信托，我认为信托包括我们所说的慈善组织。实际上通过信托的方式，将财产所有权和管理处置权进行分割。那么慈善财产所有权到底转移了吗，慈善组织是不是拥有捐赠人的全部所有权？这是个存在争议的话题。

我将钱捐给慈善组织，慈善组织是否拥有我财产 4 个权利中的相关权利，通常是存在争议的。在西方，通常将捐赠的过程认为是信托的过程，捐赠人是委托人，慈善组织是受托人。慈善组织根据捐赠人意愿管理和处置捐赠人的财产，因此西方许多慈善组织和基金会都以信托的形式存在。我理解《慈善法》中所讲的慈善信托，就是我们所说的慈善组织最早的一个根。

目前的做法我认为有点走偏。回顾《慈善法》，成立慈善信托等同于成立慈善组织，并享受免税资格。通过这一机制，将财产的所有权、管理权和转让权进行权利分割。从目前很多慈善信托的做法看，是将钱捐给慈善公益组织，由慈善公益组织作为委托人，慈善公司作为受托人。同时，作为公益项目执行人使用这个财产，它本身是基金会理财的变种。

从《中华人民共和国信托法》看，可以设定信托权限，财产所有权并未转移。作为基金会，在慈善组织设立一个信托，财产权并未发生转移，已经可以列为公益事业支出。我仍在探索慈善信托这条道路，目前的慈善信托更多是变种的投资行为，信托公司不过是拿慈善信托作为幌子做投资理财。从投资理财的角度看，目前很多基金会都在推行基金会的投资理财。如何做投资理财才更加有效呢？以美国作为例子，在美国可以买指数基金。但在中国不存在这样的东西，我们只敢做银行理财，甚至低风险的银行理财。因为捐赠过程，我们本身是受托人，基金会的秘书处、理事会承担的责任就是受托人的责任。我们受托的责权利很不对等，通过做高风险投资，我们面临的道义风险非常高。所以，我还认为投资确实是一件很重要的事情，但是它最核心的地方在于有没有真正地将相对收益和风险匹配。